创意，未来的工作方式

Creative, The Future of Working

方军 / 著

中信出版集团 · CHINACITICPRESS · 北京

图书在版编目（CIP）数据

创意，未来的工作方式/方军著. -- 北京：中信出版社，2016.11（2017. 4重印）
ISBN 978-7-5086-6677-8

I. ①创… II. ①方… III. ①工作方法－通俗读物 IV. ①B026-49

中国版本图书馆CIP数据核字（2016）第215727号

创意，未来的工作方式

著　　者：方　军
策划推广：中信出版社（China CITIC Press）
出版发行：中信出版集团股份有限公司
（北京市朝阳区惠新东街甲4号富盛大厦2座　邮编　100029）
（CITIC Publishing Group）
承 印 者：北京通州皇家印刷厂

开　　本：880mm×1230mm　1/32　　印　　张：9　　字　　数：170千字
版　　次：2016年11月第1版　　印　　次：2017年4月第3次印刷
广告经营许可证：京朝工商广字第8087号
书　　号：ISBN 978-7-5086-6677-8
定　　价：58.00元

推荐语

这是一个人人都是创意工作者的时代。如何让工作场所变成创意之地？如何让每个个体真正成为创意工作者？如何进行有效的创意管理？本书是第一个给出完整答案的作品，从创意管理要素、方法论、体系及产品设计等多个维度提出独到见解，是一本有助于理解智能时代、理解如何获得人的持续价值的书。

陈春花　北京大学国家发展研究院管理学教授

创意工作者正在成为一个日渐庞大的人群，但是，如何实现创意到产品的惊险一跃？创意精英很难管理，如何激发他们？如何构建创意体系？方军这本书给出了很多创造性的答案，让你放大创意力。

金错刀　微创新研究中心创始人、科技商业观察家

谷歌董事长埃里克·施密特把谷歌成为全世界最重要的公司之一的秘诀归结为谷歌有能力吸引创意精英、信任他们，并且激

发他们的创意能力。在未来，一个国家、一个城市、一个公司，再到一个个体，他们的竞争力都会取决于自己的创意能力。因此，如果你还认为“创意”只是艺术家、作家和导演等个别职业的所需，你就迫切需要读下这本书。方军在书里说，每个人都是创意工作者，需要系统性解决问题的创业者和程序员尤其是。而且，每个人都具有创意能力或创意潜力，只是你需要一些方法，让它们更好地展现。

李翔　知名媒体人、《李翔商业内参》出品人

在一个处处需要创新的时代，这本书尤为珍贵，它极大地启发了管理者如何从组织的角度持续激发创意，以及产生相应的产品，值得每个CEO珍藏。

南立新　创业邦创始人兼CEO

德鲁克定义了知识工作者，方军定义了创意工作者。方军的这本《创意，未来的工作方式》界定了工作的本质是创意。这使得创意不再缥缈，而成为我们认知世界的概念基石。

潘剑峰　中国创业者社群WorkFace创始人

当今任何一项产品和服务都离不开创意、生意、技术三位一体的完美结合。创意让产品更有魅力，技术让产品更具功效，生意让产品更有价值。创意不只是灵感的火花，更多的是专业的认知以及对市场的分析和客户意识。《创意，未来的工作方式》一书对创意工作者很有启发，值得一读。

邵忠　现代传播集团董事长

我们正处在一个新时代的门口，人工智能、大数据、机器人、虚拟现实，各种各样的新技术将会让很多重复性的工作消失，但是创造力对我们人类来说，却变得越来越重要，有创意的人和工作，会推动人类文明进入新的阶段。很高兴看到方军在创意领域的研究成果。

王煜全　海银资本创始合伙人、Frost&Sullivan中国区首席顾问、《前哨》栏目主讲人

一个有实力的企业必然是创意驱动的，古今中外，概莫能外。

魏武挥　天奇阿米巴创投基金投资合伙人

奇点临近，越来越多的可能性正在迭代所有定式，再也没有确定性的岗位与工作，创意已经成为打开这个时代唯一正确的姿势。推荐方军《创意，未来的工作方式》，它视创意为每个人的操作系统，我们从此有了刷机指南。

吴声　新物种实验计划发起人、场景实验室创始人

方军是中国最优秀的商业思想观察者和最勤勉的传播者之一，他对未来的洞察和对新技术的敏感，总是给我们很多启迪。这一本《创意，未来的工作方式》再次用方军的方式瞭望“不规则”的未来，值得一读。

吴晓波　著名财经作家

创业有三个最关键的要素：创意、团队、资金。再强的团队、再多的资金，都必须围绕一个“创意”展开。本书对“创意”进

行了深入的解读和探究，推荐创业者阅读。

徐小平 真格基金创始合伙人

认识方军将近20年，他对管理学与技术变革的敏锐性，始终令我钦佩。

许知远 作家、单向空间创始人

就像诺曼所说，那些简洁到让人惊叹的设计一定是把那些复杂的需求隐藏起来一样，在创意的年代里，做个有创意的人，同样需要把厚重的积累藏在后面。这本书是给愿意付出成本的人准备的。

伊险峰 好奇心日报创始人

每个人都是创意工作者的时代即将到来，传统的组织和管理方式正在迅速过时。本书为个人和机构进入创意经济提供了指南。

赵勇 零一创投创始合伙人

目　录

Contents

第二部分
创意管理方法论：掌握创意的工具

第三部分
创意思维方式：思考的技术

序

我们都是创意工作者

除了自然美景，世间伟大或平凡的事物几乎都是人的观念变革的产物，其中多数是我们在工作过程中群体创意的产物。

我们每个人都是“创意工作者”。进入21世纪时盛行的“知识工作者”说法，已经不能反映我们的现在与未来。从工业时代到知识时代，我们要掌握新知，我们强调持续地学习。进入新时代，只是学习新知识还不够，我们需要运用创意，创意是无中生有。

我们正在进入以大数据、人工智能、机器人为标志的时代，算法和机器人正在取代我们的很多重复性工作，留给人类的是创意的位置。

我们现在要关心的问题不再是如何学习和利用外部的知识，而应关注我们自身的创意潜能：怎么在工作中发挥创意？怎么在工作中达成创意成果？适合创意的工作方式是什么样的？

我将用一整本书来回答这些问题，探讨创意和未来工作的关系。我们将一起定义创意管理，一起了解创意方法论，一起思考创意。但在开始之前，我们先看几个基本问题：谁是创意工作者？我们相信自己有创意吗？我们为什么会浪费自己的创意？

谁是创意工作者

每个人都是创意工作者。

艺术家是创意工作者，设计师是创意工作者，小说家、作家是创意工作者。

广告人、传媒人、视频导演、教师、商业领袖、创业者、经理人、产品设计师、营销人、商务经理、工程师、互联网创业者、程序员、产品经理、运营人员……都是创意工作者。

一言以蔽之，所有人都是创意工作者。创意工作者的划分标准不是行业、专业、工作形式，而是他/她是否在运用自己的创意潜能。

当然，对创意工作的内核我们有界定，创意工作的本质是创造性地解决问题和系统地解决问题。

系统地解决问题，是最高级别的创意。这也是为什么我会认为，创业者、程序员是典型的创意工作者。

我们相信自己有创意吗

很多人觉得没法发挥创意，其实这是因为他们不相信自己有创意潜能。他们不相信自己有从无到有创造的能力，自己有创造性解决问题的能力，自己有系统性解决问题的能力。

创意是我们的本能，我们每个人都有很多奇思妙想，但渐渐地，我们会压制自己的不同想法，不再说出来，更不用说将之实现。我们把创意的责任交给了他人，而且不知道自己已经做了这样的选择。

实际上，在谈到学习时，我们也处在类似的情境中。有些人到了一定阶段之后，就会抗拒新事物，不愿意学习，不相信自己还有学习能力。组织中的人，不相信组织可以通过学习持续地改善，认为自己把工作做了就可以了。正确的看法应该是，我们永远都能学习新事物。

我们都有学习的能力。看看周围，我们现在工作和生活中的很多东西，都是在五年前、十年前根本就不存在的。

我们都有创意的潜能。当面对一个问题时，我们应相信自己可以用更有创意、更优雅、更高效、更系统的方式解决它。相信，就有创意。

我们为什么会浪费自己的创意

很多时候，我们还会浪费创意。当我们浪费食物、浪费资源时，我们很不安，但当浪费创意潜能这一我们最宝贵的资产时，我们却无动于衷：不断的低水平重复；产品设计被废弃；未经深思的创业很快失败；开发的软件程序无法改进，不得不废弃或重写……

这里讨论的被浪费的创意，都已经在很大程度上从我们头脑中的创意狂想落实成了有形的事物，不是人们的白日梦。我们所忧心被浪费掉的是已经让很多人付出了创意努力的东西。

产生这种浪费的原因是我们没有掌握创意管理的方法。我定义的创意管理四要素就是对这些问题的回答：我们怎么激发个体创意，我们怎么组织人，我们怎么建立体系，以及我们怎么把创意凝聚到“产品”中。

这一步步的过程，就是把创意想法逐步夯实，凝聚众人的智慧，变成实在的事物。

创意还要掌握方法论，创意的本质就是思考。因此在创意管理的四要素之后，第二部分、第三部分分别探讨创意方法论和创意思维方式。我希望自己能以这样的努力帮助人们不再浪费创意潜能。

我们都是创意工作者。未来，我们因创意而获得生存的理由。

引　言

创意，未来的工作与生存方式

变革的推动力是人类创造力的提升，人类的创意在我们的经济和社会中扮演重要角色……创造的冲动，这种使人类区别于其他物种的重要属性，目前正在以前所未有的规模得到释放。

——理查德 · 佛罗里达

知识工作者（knowledge worker）的工作动力取决于他的工作效益，取决于他在工作中是否能有所成效……知识工作者的成果本身并不产生效益，他们并不生产有形的产品，比如一双鞋或某个机器部件，他们生产的是知识、想法和信息。

——彼得 · 德鲁克

人的创意是当下的核心资源，如何认识和发掘人的创意资源，这个议题被从不同的层面提出和探讨，比如在经济社会、创新创业、公司管理等方面。在创意产业被关注的鼎盛时期，知名经济学家理查德 · 佛罗里达在《创意阶层的崛起》[①]一书中提出“我们现在的经济是一个由人类创意提供动力的经济”，他揭示和定义了一个占美国工作人口30%的创意阶层（creative class），让世人第一次深刻感受到可能出现的社会变革。从社会群体意义上，他特别提出，“创意人士不再被视为传统的破坏者，而是成为新的社会主流”。

以互联网为核心的创业热潮席卷全球，越来越多的杰出人才加入创业大潮。“精益创业”运动在埃里克 · 莱斯同名著作的推动下，深受中国高科技创业者欢迎。埃里克 · 莱斯从自己的互联网产品开发和创业经历出发，提出创业管理方案，他试图解决的是一个宏大议题：“这些（创新创业）失败最令人痛心的地方，不仅在于造成了员工、企业和投资人的经济损失，还在于它造成了我们文明中最宝贵资源的巨大浪费——对于人们的时间、热忱和技能的浪费。”

谷歌现任执行董事长埃里克 · 施密特在和互联网最聪明的几万人才一起工作多年后，他总结谷歌工程师们的特质，并命名当下公司最需要的关键群体——“创意精英”（creative genius）。理查德 · 佛罗里达关注的是整体的社会与经济层面，埃里克 · 莱斯关注的是怎么有效利用人的创意资源，埃里克 · 施密特关注的则

① 本书中文版已由中信出版社出版。——编者注

是在公司组织中怎么管理这个群体：“创意精英是一个极其难以管理的群体，在老旧的管理体制中尤其如此，因为无论你付出多少努力，都无法管理这些人的想法。如果你无法管理创意精英的想法，就必须学会管理他们进行思考的环境，让他们乐于置身其中。”

在创意方法、创造力、大脑与人工智能等领域，也有很多围绕如何发掘人的创意潜能的看法。斯坦福大学设计学院创始院长、设计公司IDEO联合创办人戴维·凯利推动“设计思维”（design thinking）成为备受关注的公司群体创意创新方法，他把设计师们熟悉的观察、原型等方法普及推广到商业和日常生活领域。台湾知名舞台剧导演赖声川也以所著的《赖声川的创意学》把戏剧领域的创意思维方法推而广之。

在这样的大势之下，围绕创意有两个核心议题：怎么激发个体的创意潜能？怎么激发群体的创意潜能？关于激发个体的创意潜能有很多著作，但关于群体的创意方法还有待研究。本书试图以激发群体的创意潜能为主要目标，将各个领域的经验汇集成创意管理模型。在深入讨论之前，我们要先尝试“重新定义创意”：

- 回顾创意的群体
- 界定创意人的“原型”
- 定义创意的管理

与狭义的和惯常的创意定义不同，以下在讨论创意时，关注的不是新想法的迸发，而是如何把想法变成体系；关注的不是个体的创意过程，而是群体的创意，也就是一群人共同建立体系的过程。我们所缺的从来都不是创意或想法，而是如何把想法变成体系，体系由很多人组成、运作，最终产生成果。这里所说的创意人指的是那些“解决问题的人”和“构建系统的人”，无论他是艺术家、工程师、管理者、创业者，还是程序员、运营人员、写作者等。创意工作的本质是创造性地解决问题和系统地解决问题。

在《精益创业》一书中，埃里克·莱斯特别强调了体系在互联网和高科技创业中的意义。100多年前，弗雷德里克·泰勒在《科学管理原理》一书中写下一个现在依然有价值的观点，强调了体系的价值。他写道：

> 我们将来会认识到，我们的领导者们必须是培养形成的，就像天生胜任一样，而且，任何一个伟大人物（处于旧的人事管理体制下的）都无法和一批经过适当组织而有效协作的普通人一竞短长。
>
> 过去，人是第一位，将来，体系必须是第一位的。这并不意味着不再需要伟大人物。恰恰相反，任何好的体系的第一目标必须是发掘第一流的人才，并在系统管理之下，使最佳人才能比以前更有把握、更迅速地提升到领导岗位上来。

创意的群体

我们需要放长眼光，从工业化以来工作群体（也是社会的主要创造群体）的变迁来看现在及未来的创意群体究竟是谁。理查德·佛罗里达的区分较为简单直接，他按获得酬劳的方式把100年来的工作群体变迁分为劳工阶层、服务阶层和创意阶层，分别对应工业经济、服务经济、创意经济三种经济形态。不过，如果更细致地按时间顺序描绘出工作群体的变换、学者们对他们的命名，我们会对创意的群体有更深入的认知。

以雅虎1996年首次公开募股为标志，互联网产业历经泡沫、破灭和发展，已经将过往设想的信息社会变成活生生的现实。以阿里巴巴、百度、腾讯为代表的中国互联网公司已经深入影响了众多产业、经济发展以及几乎每个人的生活。互联网创业也影响了很多人。网景（Netscape）创始人、硅谷知名风险投资家马克·安德森在2011年发出惊人宣言，"软件正在吞噬整个世界"。2016年，由算法驱动的阿尔法围棋（AlphaGo）打败韩国围棋九段李世石，这是继20年前人工智能在人机大战中战胜国际象棋大师卡斯帕罗夫之后的又一个标志性事件。互联网、软件、算法、数据、计算能力等的影响与日俱增，其背后的主要群体（程序员们）也应被归入创意人的行列。

自工业革命以来，工作群体，也就是主要的价值创造群体，大体经历了如下的8个典型人群，我们可以通过对他们的回顾了解人的创意所发挥的作用：

- 工厂工人
- 办公室工作人员/白领

- 经理人
- 服务业工作者
- 知识工作者
- 狭义创意产业工作者
- 程序员
- 高科技创业者

现代社会的第一个组织化生产与创造的群体是“工厂工人”，从他们开始，我们进入了大规模制造的时代。在20世纪的大部分时间，工厂是组织化生产的象征，工人是工作群体的形象。工厂发展的关键节点是亨利·福特所创造的汽车生产流水线。对如何管理工人的典型理论是泰勒的“科学管理原理”，通过对工人动作的记录、分析和优化来提高效率。

最初，对流水线上的工人有个基本假设，就是他们只要带着手来就够了。这一点很快就发生了变化。但除此之外，工厂与工人再没有什么变化，并且仅有的一点变化也慢慢地隐入社会发展的背景之中。近几十年来唯一的重大变化是日本式工厂管理（特别是丰田精益生产）的兴起，它把工人视为有智能、有能动性的人，生产线也从由“机器”主导变成由“人”来主导，因而有人把日本式工厂称为“创意工厂”。

取代工人中心角色的是办公室里的工作人员，在20世纪50年代，威廉·怀特曾用“组织人”界定这一群体。其后这一群体不断扩大，现在依然是组织化创造事物的主要力量。在灯火通明、四季如一的写字楼里工作的人，是现在我们对主流工作者的印象，就像20世纪很长一段时间工人占据城市工作者主流一样。这个群体常常被通俗地称为“白领”，但由于办公室工作者或白领涵盖的范围过广，已经失去界定工作方式的意义，而常被用来进行生活方式的界定。

服务经济已经成为社会的主要经济产业，消费服务业和专业服务业都在经济发展中有着重要的位置。服务经济的工作者，除了部分专业服务业如广告、咨询等少数领域外，并没有鲜明的群体工作特征。广告、咨询等领域是创意驱动的，它们的思维方法和工作方法也被广泛地推介到行业之外。

与工厂生产同期出现的重要角色是管理者，后来的组织人的典型形象也是管理者、经理人。管理者是工作者的一个横切面，这个群体横贯组织的上中下，承担管理职责，涵盖从创始人、董事会、CEO（首席执行官）、各级管理者直到基层的一线管理者。

现在，管理已经变成理论与实践极其丰富的领域，是整个社会的显学之一。管理发展的关键节点有三个：（1）德鲁克定义管理；（2）明茨伯格界定高层管理者的角色；（3）科特区分管理与领导，并定义领导的职能为变革。在过去100年中，管理最强的潮流是，认为管理可以和具体业务分开，把理性化引入其中。这种潮流经过几十年的发展形成了一整套培养管理者的商学院MBA（工商管理硕士）课程。商学院体系化地培养经理人的课程虽然不断受到一些挑战，比如曾经有流行观点认为设计学院将取代商学院，但商学院的地位始终牢固。在互联网公司快速发展之后，公司对管理人才的需求发生剧烈变化，传统行业也被互联网影响，需要转型和变革，这个从需求端而来的变化可能会促进商学院的变化。

随着经济社会的发展，在工厂工人、办公室工作人员、服务业工作者、管理者这四个群体之外，新工作群体在不断涌现，组织化生产创造的核心群体正在发生变化，许多研究者试图通过命名来界定这种群体的新变化。

最早出现，也曾经是处于最显要地位的是“知识工作者”，这一概念由管理大师彼得·德鲁克提出，盛行于20世纪末。当时大众普遍认为，知识成为核心生产资源，我们将进入“知识经济时代”。知识工作者的自我认知，影响了很多人的工作方式和成效。

同样抓住更多眼球的是设计、艺术、传媒、服务、广告、营销等狭义创意产业领域，这个领域既有“明星”，又能被直接地感受到。我们的讨论一直使用“创意”“创意人”“创意工作者”“创意管理”这些词，也正是受到了狭义创意产业工作者的影响，他们的一些思维和工作特征可能是未来创意群体的关键特征。虽然苹果公司的创始人史蒂夫·乔布斯是商业人物，但他身上汇聚了人们对狭义的创意产业工作者的很多想象。

理查德·佛罗里达的“创意阶层”定义在某种程度上让创意工作者群体有了一定的群体身份认知。他所定义的创意阶层比通常自认从事创意行业的人的范围要广得多，他认为创意阶层有两个群体：核心成员（“超级创意核心群体”和“现代社会的思想先锋”），包括科技、建筑、设计、教育、艺术、音乐以及娱乐等领域的工作者；更广阔的“创造性专业人员”群体，分布在商业、金融、法律、卫生保健等相关领域。

随着互联网、移动互联网和人工智能的发展，越来越多的人看到程序、算法主导着事物的运转，程序员这个创造它们的群体也因而受到关注。后面我们还会深入探讨这个群体。程序员只是方便的代称，这个群体应该涵盖程序员、架构师、产品经理、算法工程师、运维工程师、交互设计师、产品运营人员等，也就是让互联网技术产品和服务能够从设想到建立、运转、持续发展的主要人员。

互联网创业的热潮让“创业者”这个本来人数很少的群体成为关注的焦点。这个群体与管理者的不同之处是，创业者推动的是从无到有、从0到1的过程，从想法或观念开始，创造满足用户需求的有形或无形的产品，建立支持产品良好服务的由人、技术、资金、流程组成的系统，并不断地调整优化甚至彻底推翻重建这个系统。高科技创业者的诸多特征和创意高度吻合。

哪个群体能成为下一代组织化的工作者的标志形象尚未可知，但我们可以看到，人们的关注逐渐聚焦到一点，人的创意成为核心资源。

创意工作者的原型

对我们所要观察和研究的创意群体的命名，我更愿意沿着彼得·德鲁克命名“知识工作者”的朴实思路，称之为“创意工作者”（creative worker）。理查德·佛罗里达在《创意阶层的崛起》

中对创意阶层的定义很有扩展性："创意阶层依靠创意来创造经济价值。"但是，他的研究更强调社会分层，所定义的群体特点是"从事旨在'创造有意义的新形式'的工作"，"拥有相近的品位、愿望与偏好"。前文所提及的谷歌现任执行董事长埃里克·施密特所用的"创意精英"，不管是中文还是英文都略显浮夸。

之所以选择创意工作者这个命名，还因为"创意"一词展示了光鲜的一面，而"工作者"一词揭示了创意的另一面：苦工。它更接近于创意的真相。在接下来的讨论中，我们还会反复涉及创意的苦工这一面。我们不时会将"创意工作者"和"创意人"混用，仅是为了方便的缘故。

什么群体能成为创意工作者的标志形象？这个竞争现在还远未到看出明确胜出者的阶段。佛罗里达对创意阶层的人群界定难以让人无条件赞同，他认为创意阶层包括两种类型的成员："超级创意核心群体"和"现代社会的思想先锋"，核心群体外围是他所说的知识密集型行业中的"创新专家"。佛罗里达对核心和外围的区分源自他对创意的定义，他把最具创意的工作定义为"创造易于传播并可广泛使用的新形式或新设计"，创造性的问题解决者被放入外围的创新专家之中。这一界定方式严重低估了"问题解决者"的价值，也就是低估了创新专家的价值。我认为，创意工作的本质是创造性地解决问题和系统地解决问题。

试图界定一个群体，一种做法是像理查德·佛罗里达或社会学家兹纳涅茨基针对"知识人"所做的那样，对人群进行有逻辑的细分，而不是罗列，他把知识人分为圣哲、学者、知识传播者、技术顾问四大类。界定群体的另一种常见做法是寻找典型群体或所谓原型。上文讨论从工厂工人到创意工作者，是试图仰赖第二种方式，规避逻辑划分的难度。这里，我们提出，有四个群体可能成为创意工作者的原型，帮助我们理解创意工作的本质和创意管理。

- 创作者
- 程序员
- 管理者
- 创业者

这些群体和创意的关联有很大差异：新形式的创作者是大众普遍认知的创意人、直接和创意相关的人，比如设计师、建筑师、艺术家、导演，他们是创意观念的源泉，作品的创意性易于理解；作家、文化人、媒体人以及公共知识分子群体的人数很多且整体创意水准很高，长期以来有准创意人的形象。程序员编制的代码影响着很多现代人的生活，是创意和逻辑的最佳结合，但要他们的创意被公众认可尚需时日。企业管理者是整个社会价值创造的中坚力量，其中佼佼者可跻身“艺术家”的行列，但整体形象和创意偏离较大。创业者是将一个创意观念落实成一个产品或服务及背后支撑的商业系统的人，创意观念本身转变成产品或服务、寻找产品与市场的匹配、建立可行的商业系统的整个过程都充满创意。

我们试图说服大家接受新的看法：程序员、管理者、创业者是极具创意的群体，也是创意工作者的典型。创作者、程序员、管理者、创业者的共同特征是：人的创意是核心源头，通常是多人协同、共同构建一个系统、产出创意成果或作品。

程序员可能是最易被忽视但最重要的创意工作者原型。在当下，艺术家被认为是创意人的代表，程序员恐怕怎么也和创意人的形象沾不上边。但是，现在和很远的未来，我们都处在信息时代和计算机时代，我们身边的无数东西本质上都是计算机，它们都被代码——程序员的创造物——驱动。就成果的创意性与影响力而言，程序员是最有创意的群体之一。

管理学家罗杰·马丁在《商业设计》一书中提示我们，代码和算法是知识经验累积的最高阶段："知识漏斗的第一个阶段是探索谜题，其表现形式多种多样；第二个阶段是得到启发，也就是挖掘经验法则；第三个阶段是形成程式……知识发展到程式阶段之后，其数字化的终极形态就是计算机代码，计算机代码是最有效率的程式表达式。"

保罗·格雷厄姆（Paul Graham）和杰拉尔德·M. 温伯格（Gerald M. Weinberg）的观点与实践对理解程序员至关重要。保罗·M. 格雷厄姆是知名黑客、硅谷著名创业家、孵化器Y Combinator创办人，随着互联网创业热潮，他的大量文章被翻译成中文，被高科技创业者仔细研读。温伯格则兼有程序员、系统设计师、咨询顾问和软件专业作家等多重身份。1950—1960年，作为最优秀的程序员在IBM（国际商用机器公司）工作近15年后，温伯格转向了"软件人类学"，开始关心软件工作中从思维方法到软件质量等几乎所有和管理有关的人的问题。他们二人的观点综合起来正好形成一个对程序员的完整看法。

“人类社会还没有充分理解程序员带来的美和智慧，格雷厄姆却做到了这一点。”斯坦福大学法学教授劳伦斯·莱斯格（著有《代码：塑造网络空间的法律》）这样称赞保罗·格雷厄姆的见解。格雷厄姆的著作中最重要的观点，就是把程序员（他所说的“黑客”）视为创作者，他在《黑客和画家》一书中将两者进行了比较：“黑客和画家的共同之处，在于他们都是创作者。与作曲家、建筑师、作家一样，黑客和画家都试图创作出优秀的作品。”

这种类比和格雷厄姆的早年教育经历有关，在哈佛取得计算机博士学位之后，他到艺术学校学习绘画，梦想成为画家。在格雷厄姆看来，黑客“真正想做的是设计优美的软件”，他做了一连串的对比：“画家学习绘画的方法主要是动手去画，黑客学习编程的方法也理应如此”，“创造者的另一个学习途径是通过范例”，“一幅画是逐步完成的”，“坚持一丝不苟……那些看不见的细节累加起来，就变得可见了”。他同时指出，画家的工作方式是定期从头开始，而不是长年累月地在一个项目上不断工作。

“眼下看起来艺术家比黑客更酷。”格雷厄姆承认这一点，但后面又接着说，现在是编程的黄金时代，“编程到底能够有多酷，取决于我们能够用这种新媒介完成怎样的工作。”其实对不少人来说黑客比艺术家更酷，许多过去从事软件业、现在从事互联网的程序员出身的CEO都堪称“摇滚巨星”。

格雷厄姆把黑客明确地视为创作者，著有《程序开发心理学》

等诸多著作的杰拉尔德·温伯格则全面且深入地阐述了软件开发过程，也就是程序员们的工作过程。如果说格雷厄姆以自身影响力让世人认识到程序员的创意价值，那么在阐释软件这个理性产品的生产过程、人（程序员）的思考与成长及他们之间的人性互动时，温伯格像手握一只洞察未来社会的水晶球，让我们通过程序员洞察未来。

杰拉尔德·温伯格堪称信息时代的“德鲁克”。管理大师德鲁克发现了“管理者”和“知识工作者”，温伯格则发现了“程序员”。温伯格不太关心那些宏大而宽泛的话题，譬如软件给世界带来的变化、互联的社会等，他关心的是那些解决问题的实践，比如如何定义问题、在软件开发中如何进行质量控制、如何组成解决问题型的团队、如何成为一个激励者……在这一点上，他和跨越两个时代的管理大师德鲁克非常相似，德鲁克关心的大部分是极端重要的“小问题”：管理层的任务、如何学会发挥效能、如何做出卓有成效的决策等。

在软件开发过程中，人们“大规模、有组织地集体完成某种解决问题的精神产品的生产”，温伯格为我们提供了探索这一知识工作、创意工作先驱领域的指南，它可能是我们通向未来社会的路线图。用温伯格自己的话说，他的很多著作都是为了回答这个问题——人们是如何思考的。与哲学家不同，他考虑的是这个问题实践的一面。他用数字、符号、方程解释系统化思维，因为他的经验告诉他，“人们对自己正在谈论的内容往往只有一种模糊的认识，通过把这种想法转换成计算机程序，我学会了拨开迷雾的许多技能”。

系统化思维是温伯格思考的起点，他一再强调思考的重要性：我们不能要求每个人都非常聪明，能解决所有难题，但我们必须持续思考，因为只有如此，我们才能明白自己在做什么。温伯格认为，我们要用清晰的思维来应对问题。他的很多著作集中在需求分析、问题定义、问题解决等方面，但是，如果我们试图从中直接获得解决问题的方法，恐怕要失望了，他建议我们独立思考。

德鲁克在晚年告诉我们，21世纪的管理挑战是提高知识工作者的生产率。而温伯格可能已经知道了一些答案，这得归功于他一直身处软件这项知识工作的先驱领域。代码是以技术形式呈现的人类思维，意在解决问题，是一个系统，它的开发过程就是群体的知识与创意工作。温伯格的著述有助于我们理解程序员这个信息时代最重要的创意群体。

创意的管理

创意需要管理。这个判断很不符合大家的常识。创意通常对应的是灵感火花、直觉、艺术等。我们需要先界定一下这里要讨论的创意，通过定义创意，我们可以逐步把“创意需要管理”阐释清晰。我们先把创意放到几个相关的领域来看（见图0–1）：在个人层面是创造力，在群体层面是创意，在公司层面是创新，在社会层面则是美学与制度化水平。创意管理所涉及的，是个人或团队解决问题/产生创意成果的过程，它运用个人的创造性，和公司或大组织的战略创新有很大的交集，受到社会整体的美学和制度化水平的约束。

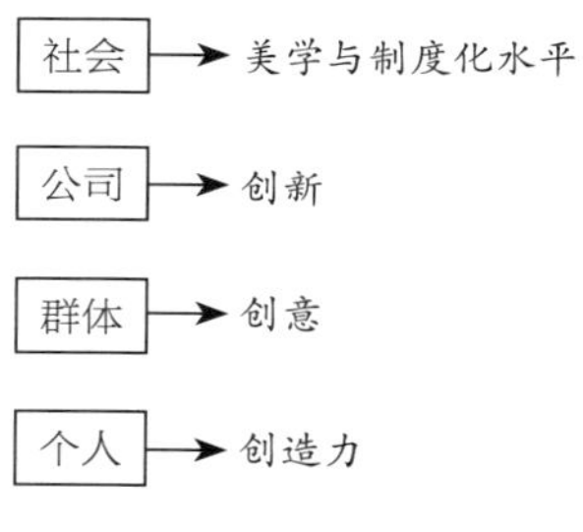

图0–1　创意所处的层面

我们在这里讨论的创意管理，不是创意的灵感，而是从问题出发，创意个体进行创意的挣扎，建立人的组织体系和事的运行体系，最终产出创意产品的全过程（见图0–2）。它是关于我们头脑中的思考方式，是我们对实物或信息的处理，是我们组织人的方式，是如何把创意成果创造出来。

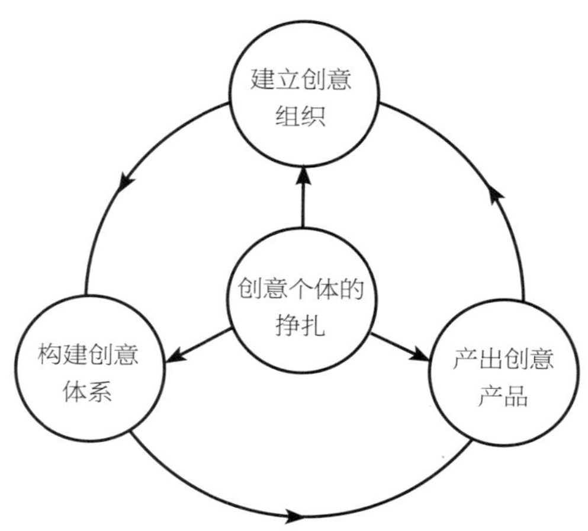

图0–2　创意管理的四个要素

以下是由个人或组织创造的几类创意成果，它们在每个人的工作、生活和管理中随处可见，这些成果正是通过新方式解决问题产生的，从中我们可以看到创意管理发挥的作用。

艺术。艺术被认为是富含创意的作品。它可能不需要创意管理，而是直接把人的创造力凝聚成作品。对需要多人协作的艺术类型，创意管理就开始发挥作用。音乐的创作是从作曲到演奏的接力；戏剧是多人同台的演出，需要协同，涉及很多如舞台管理等外围事务。商业设计师根据顾客的要求设计广告或产品，多数经过某种形式的创意管理过程。现代的流行音乐、电影都是大规模协作的作品，具备创意灵感、人的组织、运行体系、创意产品等创意管理的所有要素。

商品。我们熟知的一种创意成果是工业化大规模生产的产品，从单件制造的手工艺到大规模生产，创意过程逐渐被压缩到产品设计的过程中，之后理论上是单调地复制生产。

软件。过去几十年，软件或互联网应用这种创意成果影响了很多人。和大规模生产的产品不同的是，它以代码或程序的方式把人的创意以非常逻辑的方式凝结起来，并且发布后仍需要有人持续地完善优化代码、增加新功能。服务性行业的服务是和代码类似的，但创意凝聚在设计服务的流程、方式、规范以及实际执行服务行动的人身上。

商业机构。创业者从一个想法出发，建立团队和完整的商业体系，为顾客提供产品或服务，这也是创意的过程。在商业社会里有一种特别重要的创意成果，是创业者和管理者创造的，它就是设想、规划和组建起能持续运转的团队或组织，包括对人、对事、对结构的规划，也包括运行规则的建立与调适。

创意需要管理。《精益创业》的作者埃里克 · 莱斯其实也提过一个类似的看法，他说“创业即管理”，意思是，创业是一件极端不稳定的事情，要想成功创业就必须找到一种管理方式（也就是他所说的“精益”）来面对这种不确定性，而不能依靠直觉。关于创意，我们处在同样的情境之中。

创意工作的本质是创造性地解决问题和系统地解决问题。创意人是解决问题的人，是构建系统的人。创意管理，是让这个过程变得更有效。在本书第一部分，我们将先讨论“创意管理的四个要素”：创意个体的挣扎，建立创意组织，构建创意体系，产出创意产品。我们从问题出发，讨论创意个体的灵感，为了方便，我们先从最终结果出发讨论创意产品，然后再讨论创意组织和体系。在第二部分，我们介绍创意的问题、创意的结果和创意的落实三个方面共18个创意工具，用它们来充实我们的创意工具箱。在第三部分，我们将讨论一些创意思考的技术：如何面对外部、面对内心、面对他人和面对失败。在第三部分最后，我们通过一组最具创意的案例总结出创意管理“五力”：创意架构力、创意美学力、创意故事力、创意行动力和创意脉络力。它们可作为我们创意工作和生活的指引。

第一部分

创意管理四要素：从灵感到产品

[第一章]

创意个体的挣扎

卓有成效的管理者重视对外界的贡献。他们自问：我能做什么贡献？

——彼得·德鲁克

创意是一种挣扎，寻找并解放我们的内在。

——约翰·库地奇

创意管理是群体的事，创意通常是组织机构里群体的协同与合作，大多是“组织的创意”。创意，是在有效的组织结构支撑下，依托一批智力、才能、风格多样化的人才，创造性地解决问题。但从本质上讲，创意也是个人的事，创意是个体的挣扎。

谈到创意，我们经常需要克服的困惑有二：其一，创意难道不是那些有创意的人比如科学家、艺术家的责任吗？其二，大多数人心目中的创意图景是：创意是某个人在苦思冥想、独自创造出非凡的成果，是才华卓著者的灵光闪现。这两种认识和我们当下的实际创意情境是不一致的。

创意的挣扎，是定义一个问题，然后找到解答。著名华人舞台剧导演赖声川在《赖声川的创意学》中写道："出题需要创意，解题也需要创意。"正如他引用爱因斯坦的话所强调的，"题目的解答一定在出题目的思维程度之上"。我们都知道定义问题的重要性，但如果站在创意管理的角度，我们却会发现，从解答或答案出发可能同样重要。

这是因为，不论是个体的创意或群体的创意，都不是为了表现得更有创意（看起来有创意），而是为了真正地解决问题（有创意结果）。我们将从结果出发，逐渐地深入。

- 认识你的成果
- 审视你的贡献
- 明确你的作品
- 让创意有所依

认识你的成果

在大多数办公室里，我们从事的都可以说是创意工作，从根本上说，很难找到两个人做着重复的事情，成果取决于创意能力。对创意工作的管理，是当下管理的真实情境。一直以来，在创意工作与管理方面，对我影响最大的是彼得·德鲁克，思考创意管理时，我又发现了他的启示，比如，对于管理者，他一直强调的就是“成果”，或者说“卓有成效”。

德鲁克说：“知识工作者的工作动力取决于他的工作效益，取决于他在工作中是否能有所成就。”

创意管理之所以难，可能是因为在“精致手工艺”和“大规模创意生产”两种情境的转变中，界定和认识我们的工作成果很困难。工作者个体对成果的认知，常常接近于手工艺，在组织体系中，我们面对的情形却多是大规模创意生产。

我是很早之前从传媒行业的两种情境中得到这样的感悟。多年前，我和朋友们都在一家刚成立的财经媒体工作，朝气蓬勃、自由散漫，又创意无限，当时传媒业的工作氛围是给工作者自由和空间去生长。有趣的是，我们的创意总监邹波创造出一系列“工业化生产”的创想，当时我们一致认为，传媒的根基在于工业化。

2007年，我加入了互联网门户，在这个真正接近工业化的系统里，体会到高效运转的庞大体系的优势，同时更加体会到发现创意的重要。渐渐地，按我自己的说法，用“结构”取代了“工业化”。因为影响我们工作成果的，并非机器组成的生产线和工业化的流程，而是个体工作者、各个团队形成的“结构”。

我们经常要面对的选择是，先建立结构与系统，还是为创意留出空间？在互联网这个一季如年的地方，我们大多数时候的选择是季度性地在两者之间快速交替、螺旋式上升。

只需粗略比较两种不同的传媒运作形态，我们就可以看到

“精致手工艺”和“大规模创意生产”的异同：

第一，成果。前者的工作成果是一篇篇的文章和一页页的印刷品，单个常常充满创意，而整体变化不大、相对单一；后者对单个成果的创意要求不高，却要求工作者（和他的团队）能负责一个领域的创意与开拓。因此，类似精致手工艺的媒体，成果取决于个人或少数的合作者；而在大规模创意生产的互联网，成果取决于很多人和结构。这也正是为什么给创意留出空间、给创意人留出空间，成为需要特别考虑的选择。没有精心的安排，创意人往往难以在这个体系中有所收获。

第二，创新创意的要求。前者的驱动力来自个体工作者内心，因为这个行业的形态相对稳定；互联网业在高速进化，所有卷入其中的人或者跟上或者过时，创意的驱动力来自外部。

我们大多数人都在类似这两种情境中寻觅，在有创意时渴望体系的力量，在大体系平台中又在寻求创意。那几年，我在大规模创意生产的体系平台中，用“对标”学先进的方式强化结构，用日本式的“改善”优化结构，同时又试图把精致手工艺带进来，因为我知道体系平台是使创意增值的最佳手段。

其间，我经常要解决的管理问题有两个：第一，如何让身陷庞大体系中的工作者看到自己的工作成果。无法看到结果的工作是无法有动力的，更无法有创意。第二，如何让工作者从外部视角来判断自己的成果。在体系中我们都很容易被内部事项绊住，然而所有真正的成果都应该是对外部发挥作用而获得的。

这两个问题也是困扰大多数工作者、管理者的问题，归根结底就是，如何在更大的图景里认识自己的成果。这是创意管理的根本。

审视你的贡献

认识自己的成果，因为它决定工作的动力，这是从结果往后倒推。我们把目光转换到结果那一端则必然会自问："我到底可以做哪些贡献？"

"卓有成效的管理者重视对外界的贡献。他们自问：我能做什么贡献？"彼得·德鲁克写道。这个问题的重要性在于，它帮助我们在一片空白中界定自己应聚焦的领域。

对这个问题的回答，有着相当大的创意空间。提到审视贡献，我们会很自然地想起那个传播很广的小故事：在一个工地上，有人问三个工人在做什么。第一个回答说："我在砌砖。"第二个说："我在盖房。"第三个说："我在建造雄伟的宫殿。"这三种回答，反映出人对自身贡献的设想。

德鲁克认为，自问关于贡献的这个问题，"实际上就是挖掘工作中未曾开发的潜力。在很多场合被大家认为是杰出表现的那些工作，若与充分发挥潜力后可做的贡献相比较，往往只是极小的一部分"。

在传媒与互联网领域都有这样的特征：前期的内容生产或技术产品开发投入差别不大，但这个"作品"之后可能会影响几个人，也可能让千万人受益。在大多数与创意相关的工作领域，都有类似的情况。这使得从事创意管理的管理者必须在设想与审视贡献上投入足够多的注意力。

设想与审视贡献包括审视自己的贡献、协助确认直接管理的下属的贡献，以及重点设想明星级员工的贡献。明星级员工往往有以一当百的效应，因而管理者要特别关注。当然，每个人也应该认清自己的创意角色和特色，对此可参考“创意资料：创新的10个面孔”。

创意资料：

创新的 10 个面孔[①]

世界知名工业设计公司IDEO总裁汤姆·凯利用10个名字给创新者分别命名，称为创新与创意的10个面孔，他的分类有助于我们认识各式各样有创意的人：

第一类是学习型的角色，包括“人类学家”（anthropologist），也就是做深入观察的人；“试验家”（experimenter），对新构想进行试验改进的人；“嫁接能手”（cross-pollinator），在各领域跨界汲取营养的人。

第二类是组织型角色，包括“跨栏运动员”（hurdler），善于克服创新障碍的人；“协调员”（collaborator），善于凝

① 资料来源：汤姆·凯利，乔纳森·利特曼. 创新的10个面孔：打造企业创新力的十种人[M]. 刘金海，等，译. 北京：知识产权出版社，2007.

聚团队、协调资源的人；“导演”（director），就像剧组里负责召集演员与制作团队，对作品最终负责的导演。

第三类是建设型角色，包括“用户体验设计师”（experience architect），专注于用户需求与体验的人；“布景师”（set designer），负责搭建让团队成员施展舞台的人；“照料者”（caregiver），借鉴自医疗行业，典型形象是满腔热情、无私忘我的医护人员；“故事家”（storyteller），那些能以极具说服力的方式阐述理念的人。

除了这10个面孔之外，汤姆·凯利特别反对另外一种人——“魔鬼代言人”，也就是以最负面的方式对新想法挑毛病的人，他们对创新有极大的破坏性。不过，他又很乐观地认为10个创新角色能抵抗得住“魔鬼代言人”。

在创意管理中，管理者应该审视自己的贡献。一是要有外部视角。我们都必须超越自己狭窄的公司、部门，因为成果是通过对外界发挥作用获得的：一家公司的产品最终使用者是外部用户，而在公司内部，大部分部门的成果还要经过其他部门的继续加工。管理者必须拥有外部视角，因为他几乎是团队中唯一拥有外部视角的人，好的管理者必须“跳出盒子”。

二是必须能突破自己的才能、经验。自问能贡献什么，不是问“我的能力、经验能贡献什么”，而是问“要做出贡献，我必须做什么”。专业工作者，考虑的是自己的所长和兴趣；“主事者”

做需要做的、能带来贡献的事，而不问其他。问“我能做什么”，还是“我能贡献什么”，是否能从贡献的角度适应环境的要求，决定一个人是不是卓有成效的管理者。

创意工作是观念的产物。看到许多不尽如人意的工作情形，在解决问题时，我会试图问：“改变观念可以作为改变的第一步吗？”这里所说的观念，可以简单地分三个方面：所做之事从技术上、操作上是不是顶级的，一起共事的团队是不是顶级的，所做之事是不是能对社会产生极大的正面影响。创意的一个特点是，顶级创意价值无限，而次一级的可能毫无意义。

强调在观念上保持顶级甚至世界级，是因为在这个时代，我们是在与世界级的人与公司竞争。与从事NGO（非政府组织）或社会企业的人士打交道，我常常不自觉地被他们感染，除了事业的善意、个人的激情之外，感染力还源自他们通常比公司人更试图追求达到世界级的标准。一家国际艺术机构在北京持续推展广泛的文化教育项目，从当代艺术本身到文化，从技术到传媒，活力和野心让人佩服。当我有机会看到负责教育项目的这由五六个人组成的超小团队的内部工作方式和目标时，立刻明了活力的源泉：他们给自己设定的目标是做“世界顶级艺术机构的文化教育部门”。

我们这一代人从最初就是和世界直接相连的，互联网加速了信息与观念的传递。对于什么是最好的、顶级的、世界级的，我们不会再因信息不足而误判。对于人的能力，我一直相当乐观，以世界眼光看自己是相当优秀的，虽然因为各种原因，有太多人不能爆发出全部的创意力。

在追求世界级的过程中，首先遇到的问题是我们敢不敢有这样的雄心，以及能不能有人把这样的雄心在公司或机构里展现出来？以前在传统媒体工作时，我们一行人很幸运，因为有人在旁持续倡导全球领先传媒的愿景，我们是“全球化的孩子”。之后，我们在外围追踪新一波互联网应用与服务的发展，并未感到世界级有什么特别，它和中国情境的结合也是问题。但我也逐渐发现，世界级的观念不是自然而然形成的，它需要推动者和推动机制。“世界级追求”这一观念，在中国情境中，在很长的时间里可能都需要显式地强调。

明确你的作品

作为创意工作者，我们不时需要回答的问题是：你的作品是什么？

换句话说，你的创意成果是什么？“作品”是常用于文化艺术领域的词。创意成果的所指则相对广泛一些，我更愿意称它为“创意凝结物”。所谓“创意凝结物”，是个人和群体的创意努力所凝结而成的独特事物，是我们的创意投入落地生根之处。

以“作品”来讨论创意凝结物，理解起来简单明了。它可能是个人创作的一篇文章、一部小说、一幅画、一件艺术品，可以是多人创作的一部话剧、一部电影、一次艺术展览、一项赛事或活动、一个工业产品、一个互联网产品，甚至推而广之到持续运行的一家剧院、一家电视台、一家公司。

但并非所有创意成果都能如此明了可见，比如它可能只是解决问题而无法显式展现的，或者成果可能是融入更大的体系中而无法单独地被看到，再或者它可能是日常工作中持续重复而不易被重视等。

不论是否容易被分辨与看到，我们都需要重视自己的“创意凝结物”，并仔细自问一系列问题：

- 作品最基本的单元是什么？即构成我们成果的最小元素是什么？
- 从中期看，作品单元能否连缀成较大并重要的成果？这种连缀与累积机制是否存在？
- 从个人的终极角度看，我们最主要的创意成果是什么？即我们以自身个体为核心凝聚而成的作品是什么？
- 不论是从最基本单元还是整体看，剥离掉所有的包装与虚饰，我们作品的独特价值是什么？

这其中值得特别探讨的是创意成果的基本单元，它通常反复多次出现，是我们见得最多、觉得最平常，但其实是我们应投入最多关注的部分。所有伟大的成果都是高质量的基本单元的数量累积、结构重排、聚合突变。从终极结果看，我们会认为整体的价值更大、结构的价值更大，但我们也应看到，任何一个基本单元的失误都会不成比例地削弱整体价值。

确定什么是创意成果的基本单元是个重要的问题：它是什

么？怎么界定？关于单元大小的界定，以传媒为例，流行音乐的基本单元是一首曲子，周报和杂志的基本单元是一篇文章，日报的基本单元则应是单个版面。基本单元的界定也会发生变化，比如在网络之前，音乐的基本单元是一张专辑，网络将之分解成了单曲；日报新闻的基本单元也逐渐被重新界定为单篇文章，因为它需要与网络的基本单元（单篇且通常为较短的信息）一致。

知名网络思想家凯文·凯利在新书《必然》中讨论了“书籍”这个人类思想单元。由于互联网的快速发展，很多人认为从封面到封底这样的一本“书”的价值已被网络和链接超越。凯文·凯利观点的独特在于，他提出“一本书”是“一个注意力单位”：“鸿篇巨制自有其力量。别出心裁的故事、一致的叙述方式，以及严谨的论述，总是强烈地吸引着我们。虽然我们会将书籍解构，把它的点点滴滴编织进网络，但书籍更高层次的组织形式将会吸引我们的注意力，它在我们的经济中会保持稀缺状态。一本书，就是一个注意力单位。”

就创意成果而言，还有不少相关问题值得我们思考，下面列三组对比和三个效应。

创意成果的三个对比是：

- 直接与间接：我们的创意努力是直接还是间接呈现在作品中？
- 难与易：达成创意成果的难度是难是易？我们选择了解决难的问题还是容易的问题？

- 核心与整体：我们是解决核心难点，还是创造不同的整体组合方式？

讨论创意成果要关注的三个效应是：

- 可复用性：创意成果能够复用或推而广之吗？
- 时间效果：创意的价值或解决问题的效果能持续多久？
- 在创意生态圈中的位置：我们选择的创意生态圈是否足够大、是否繁荣？我们的创意成果是位于其核心还是边缘？

我们可以在短时间内寻求创意，也可以在中期时间内寻找解决问题之道，还可以在长期视野下更彻底地洞察问题的根源。

把时间限定在短期，通常会抑制所有创意可能，这是我们应竭力避免的时间选择。这一选择充满诱惑，在狭小的时空里施展奇技淫巧，想想就有乐趣。很多的创意成果也往往被打扮成这一类。以营销问题为例，我们经常看到超有说服力的广告案例，甚至一个文案就深深打动人心，但奏效的主要原因可能并非是这一单个精彩的广告文案或画面，而可能是其背后看起来略显沉闷的营销计划，甚至可能是品牌建设等更长期的东西。

时间上如果选择长期，则像在白纸上作画，有非常大的创意空间，但考验的通常不再是创意，而是战略。它就像把问题推到终极视角去思考，就像问“人为何而存在”，问题很有意义，但如果转换到实际应用，还需要更多的努力。因而长期时间选择的场景通常是以更大的背景看问题，或者是寻找背后的结构，而不是直接寻找问题的解决方案。

中期是较为务实的创意时间选择，在面对一个问题时，我们应该往后退一步，但又不能退得过多。印度管理学者帕瑞克提出“超然投入”（detached involvement）的方法，超然和投入看似是对立的，但两者之间的融合能产生更好的创意效果。他曾亲自给我演示讲解：我们坐在椅子上，自己就无法移动椅子，而完全离开椅子，我们亦无法移动椅子；只有身体离开椅子、手扶着椅子，我们才能移动它，这就是所谓超然投入。他用的是空间的例子，但转换为时间来理解也是可以的。

让创意有所依

“无所依”，是创意人内心常涌起的担忧。创意工作者最担心的莫过于能量无处累积、创意无处生发。创意工作者多半对自己要求比较高：一方面，要创造性地解决问题，要有效，要与众不同；另一方面，要有持续的成就感。无所依的焦虑多半源自后者。

如果有自己的作品，也就是“创意凝结物”，尤其有得到认可或自得的创意作品，可以减缓焦虑。但是，如果对下面三个问题没有较好的答案，创意无所依的焦虑定会不断冒出来困扰我们：

- 往大处考虑，是否有能产生大创意的领域为依托？
- 往中间看，是否有活跃的、欣欣向荣的区块为依靠？
- 往实处看，是否有能接纳、支撑、培育创意的平台？

无论是领域、区块、平台，还是内心的焦虑，都是创意者自己应解决的问题。我以前读过克罗地亚导演弗拉多·克里斯特尔（Vlado Kristl）的一句反问，深以为然：“你是否注意到只有自备空间的人才有空间？”

让创意有所依，除了上一节提到的关注创意成果的基本单元、保证每个单元的价值（这会让人持续感到乐观），还在于如何累积（累积而成的较大的重要成果会成为新创意的依托）。这种累积成果，大体上可以有三类（共8种）：（1）现实成果；（2）个人成果；（3）关系成果。

现实成果指的是因创意而形成的、脱离了创意者的、具备自己独立延续性的那些东西。

1. 能持续运营的企业、组织、团队，这是许多管理型创意人最期望得到的成果。

2. 可延续的知识成果，比如一个产品、一个流程、一份报告、一件设计、一本书和一部电影。

3. 财务性成果，因创意而来的财务收入，它经常指的是完全终结的收益（产品生命周期结束后最终留下的收益）。如果创意是在非营利领域，这里可以是实际产生的善意效益。

个人成果是我们在创意过程中围绕自身所形成的累积。

1. 个人的性格、心性和世界观等内在的收获。

2. 创意的知识、经验与能力。这里并非只指过去，也包括面向未来学习的能力，互联网让外界变化越来越快，面向未来的能力可能变得更为重要。

3. 方法论。在一定阶段之后，是否形成自己的方法论，是否深刻了解它，决定了个人整体的创意能力。

关系成果是创意在社会人群中产生的后续效应。

1. 人际关系。这是因创意或创意的过程而形成的人际网络与知识交流网络。

2. 名声。这是在相关人群中得到的认可。对创意者而言，关系比名声更好，在人际网络和知识交流网络中得到的认可是直接的，更容易让人产生创意有所依的自在感。

“让创意项目使你身后留名”

著名的管理思想家（或者说鼓动家）汤姆·彼得斯有这样的说法：“让创意项目使你身后留名。”他把项目分成10个等级，其中有4个等级非常具有代表性（我们可以对照一下自己经常思考的项目在哪个等级）：（1）又是一天的工作，按部就班；（2）我们要做一些“有价值”的工作；（3）真是太酷了（而且绝对是颠覆性的）；（4）我们的目标是改变世界。

彼得斯60岁时在《重新想象》中让我们思考“遗产”。他认为“遗产”不是一个只适用于60岁以上老人的词，它适用于我们每个人。彼得斯最担心自己的墓志铭会被写成这样：他本可以做些很酷的事，但他的老板不让他做。

彼得斯在回顾自己的经历时，说他之所以从麦肯锡式的大公司理论中走出来，是因为结识了一大批商业怪人。的确，在彼得斯的讲述中，我们很少看到正常人。他主动尝试各种奇特的事，最后他变成了商业怪人的代言人。进入商业怪人的离奇世界后，彼得斯说自己获得了一个非常有价值的理念：创新其实是很容易的。

他或许想说的是，奇特的想法看多了，就发现创新不那么怪诞了。汤姆·彼得斯在怪人这个话题上，并没有做太多的论述，但只要看他的著作，就满眼是怪诞想法和怪诞之人，他用他的行动（即写作）让我们了解到这个世界其实有许多不一样的人，从而让我们更能容忍和接纳怪诞的想法和怪诞之人，并最终跟随他们异想天开，敢于像怪人一样空想不可能之事。

怪诞，就是不肯接受用现在公认的方式做事，试图用不同的方法，或者发明新方法，创意性地解决问题。1965年，耶鲁大学的学生弗雷德·史密斯在学期论文中，提出建立一套中枢辐射航线空运系统，让城市间的包裹能够隔夜送达。教授认为“这个构想虽然很具创意，但因为不可行，所以只能给C以下的成绩”。在之后的几十年间，弗雷德把这个想法变成了商业史上最有创见的公司之一——联邦快递（FedEx）。

现在再回首时，联邦快递的故事看起来理所当然，隔夜快递似乎是必然和必须的，我们习惯了网络购物当天或隔天送到，其业务的魅力也因互联网信息传递的便捷而减弱。但我们必须承认，弗雷德针对当时正开始爆发的包裹需求，提出了非同寻常的解决方案，并以勇气和坚韧将之实现。以现在的后见之明，弗雷德的怪异想法逻辑上是对的，他回到问题根本去寻求解决之道——隔夜送达，只有飞机空运可做到，那么就选择空运。从长远看或许可以说，因为有障碍就保持原状，不敢有怪诞的想法，才是真正的荒谬。

我们可以继续自问：花两年时间在一个项目上，即便它成功了，也不会使世界有丝毫改变。这样的事情会不会让我们烦恼？

彼得斯用两句话来倡导行动和激发梦想："奖励卓越的失败！""惩罚平庸的成功！"

彼得斯是最有激情的激励者，他会鼓励行动，但不会停在那里。他明白，"世界上最浪费时间的事是试图把一个想法推销到权力命令链条的上层"，"新鲜创意就是对在任老板的神圣权威进行正面出击"。说到底，彼得斯要调动的始终是有创意潜能的、却可能自认"无权"的个体，他赞美无权者的威力。

他还曾列出一个20步的无权者的威力组合工具，就是当你有一个很酷的想法时，开始行动，抵制向老板诉说想法的诱惑，寻找同样有激情的狂热同伴，快速地开发原型与经历失败，创造出小胜利，聚合出令人激动的动力，最终让这个项目"流芳百世"。

创意的"困境"

我们上面的讨论有一个被很多明智之士反复强调却很少深入人心的基本假设：每个人都是有创意的人，能做出有创意的贡献。

组织也不是由通常被认为最有创意的人组成的，大部分成员并非科学家、艺术家或具有超凡魅力的领袖，当然更不是魔术师。曾经被《财富》杂志命名为“世界经理人”的通用电气（GE）前CEO杰克·韦尔奇在《商业的本质》[①]一书中就很直白地再次强调：“我们的文化中存在着这样一种观念，认为创新是爱迪生、爱因斯坦和乔布斯的专属领域……不要拘泥于这些罕见和奇妙的人为我们传递的创新理念，即创新都是重大的、颠覆性的突破……创新可以是，也应该是一个循序渐进的、持续不断的、正常的事情。”他用的是“创新”一词，但正如在引言中讨论的，我认为在讨论工作群体时用“创意”更好，“创新”所对应的是公司层面。

正是在这种“人人都有创意”的前提假设之下，我们看到每个人都在经历创意人的挣扎，试图做出自己的贡献，拥有自己的作品。

从个体的角度讨论对成果、贡献、作品的认知之后，我们将沿着成果的思路，先去探讨创意产品，然后再返回来讨论创意的组织和体系构建。

① 本书中文版已由中信出版社出版。——编者注

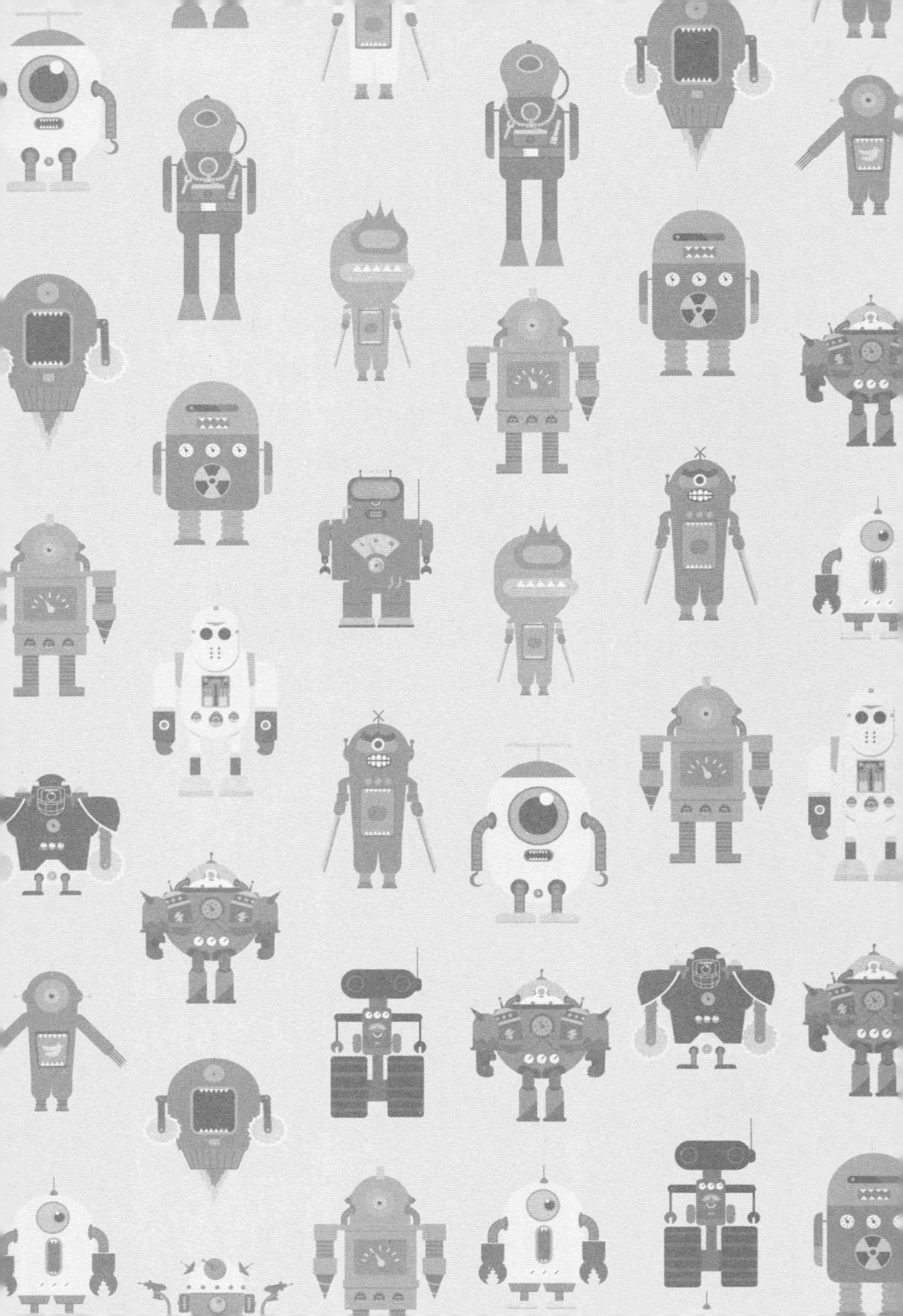

[第二章]

把创意变成产品

真正的艺术家永远有产品。

——史蒂夫·乔布斯

人们不但希望通过使用某种产品来完成或改善某项工作，还希望产品能够丰富、增进其生活体验，并且把这种体验与个人的某种梦想建立联系。

——乔纳森·卡根　克雷格·沃格尔

在第一章中，我们讨论了个体的创意挣扎和作品，但仅有作品是不够的，还必须有“产品”。作品都是对创意工作者自己来说的，是个体或群体自己的挣扎，而创意必须要有“结果”，也就是要有产品：作品是自己的，产品是服务他人的。

产品化这个说法在商业社会中很盛行，这里用这个说法有两个目的：第一，不论创意过程如何让我们兴奋、自得，最终我们必须给出能服务他人的产品；第二，我们要把“作品”变成可复制的、可规模化的产品，把“手艺”变成“工艺”，从而把创意效能最大化。苹果创始人乔布斯就曾不断提醒他的团队，“真正的艺术家永远有产品”。

创意为什么需要产品化

产品化常常被认为和创意格格不入，因为很多人认为，创意是独一无二的，产品化会压制创意，我们的作品无法产品化。这种错误观念源于把创意和艺术混淆，艺术是无法产品化的，创意必须产品化，也是可行的。

在创意领域探讨产品化，包括独立性、复制性和系列性三个层面。

- 独立性。我们必须处理最终的创意成果，确保它是完整的、完善的，是有效封装的，能独立存在。
- 复制性。要将之变成可复制的，可以原样复制，也可以比第一次更便宜、更快地复制出来，甚至可以大规模复制。
- 系列性。要发现创意成果之间更大的关联，形成产品系列，形成更大的系统体系，规划未来路线图。

产品化的过程，是把我们的创意努力在成果（产品）中固化、放大效能的过程。在工业化世界中，产品化的思路是自然而然的，比如大规模生产、产品序列化、确定公司产品线和确定未来产品线路图等。但是，创意的独特性往往使得很多人不去关注创意成果的独立性、复制性和系列性。

认为产品化思路无法适用于创意，这是对工业化时代产品的认知误差。很多人假设产品中没有创意，现实恰恰相反，每个产品中都富含人的创意，每个环节都需要人的智慧：产品的研发过程需要技术创新，产品的工程化过程中有创意，连流水线上的生产都富含了操作者的智慧，生产线的建立和优化更是凝聚了创意（在后面我们将通过丰田精益生产来深入讨论这个话题），产品的战略规划自然已经是知识工作者的范畴。在工业化过程中，独立性、复制性、系列性都可以找到相应的对照物。

在创意领域应用产品化思路的根本原因，是把已有的创意成果常规化，从而把人的创意更多地应用到真正的创意需求上。在商业管理中，最富有知识与创意含量的大概是战略规划，类似麦肯锡这样的战略咨询公司专门以帮客户解决独特的战略问题而生。它们每次都要解决不同企业的不同战略问题，这样的高智慧工作看似无法产品化，只能依靠最有才华的人才。但是，从它们的运作过程中可以看到很多产品化的思路：把咨询的业务按行业或专业细分成产品线；把使用的方法产品化，把共有知识产品化，把业务流程产品化；最后，它们提交给客户的结果从形式上看也是相对产品化的。

我们应该了解，实施产品化思路也是具有高度创意性的任务。比如，把已有技术在实际项目中应用，提高它的工程化水平，至少和原创一种新技术本身一样具有创意。

持久的问题：苹果的产品创新可持续吗

在过去的30多年中，苹果无疑是拥有最具创新产品的公司之一。从著名的1984年广告[①]开始，苹果也经历了很多变化：乔布斯被迫离开自己创办的公司，苹果被认为接近失败；乔布斯回归重整产品线，推出彩色iMac和音乐播放器iPod，逐渐把苹果电脑公司转变成苹果公司；推出iPhone智能手机、App Store应用商店；乔布斯生病、去世，库克担任CEO的苹果公司继续推出不那么创新的产品，但获得更多的利润。苹果公司公布的2015年财报显示，虽然2015年第四季度iPhone销量增速放缓影响了苹果的利润，但这丝毫不影响苹果的地位：2015年，硅谷150家最大上市科技公司的利润总和为1330亿美元，苹果的利润为537亿美元，占比达到40%。基于营收标准，苹果仍排名首位，为2340亿美元；谷歌位居第二为740亿美元。但2016年苹果第一季度的财报并不乐观，自2003年来首次同比下跌。

关于创意，最难的问题是，下次还可以有同样精彩的创意吗？这个问题也一直悬在苹果头上。过去十多年间，它持续推出超出想象的创新产品，但问题始终在，它的创新产品能够持续

① 1984年1月24日，苹果公司发布了世界上第一台采用图形用户界面的个人电脑Mac，引发了一场个人计算机世界的革命。同年，苹果还为Mac量身定做了一个非常有特色的广告，广告的名字就是“1984”。

吗？ 2015年的苹果财报显示，至少从财务角度看，苹果的产品仍然被它的用户认可，是可持续的。

10年前，2006年，我曾提出过类似问题："苹果的'酷产品'模式可持续吗？"回顾苹果的产品历史，它的模式就是推出一代又一代酷产品。苹果第一次被IBM PC和微软超越，不是因为它的产品不酷，而是因为实用战胜了酷。乔布斯回归后，特别是从iPod到iPhone再到iPad这些年，苹果一再超出消费者的期待。这一方面是已经到了大众更愿意为酷埋单的时代，苹果的设计变成了最大的竞争优势；另一方面源于乔布斯在推出产品的节奏和产品链规划上的智慧。

但苹果一直没有摆脱是否可持续这个问题。如果一款新产品达不到公众的期望，它可能立刻会受到影响，它的酷名声是线性累积的，每一次推出酷产品都为自己积分，推高期望，而一次失败就会极大地破坏品牌。它每一次成功推出新的酷产品，都是在加大风险。

2011年年初，乔布斯宣布病休，当天苹果股价应声下跌，这是因为苹果的创新被认为都是源自他。这种反应低估了乔布斯的创新能量：他离开后，苹果新产品中他个人的贡献必然减少，这种创新贡献在过去是显而易见的部分；但同时，在过去10年间他还建立了支撑苹果的产品系统，这部分水面之下的创新贡献被低估了。

在2011年去世之前的几年里，乔布斯很大程度上减轻了对创新可持续性的担心。苹果的产品线布局和未来规划已接近完成，形成随身的iPod、iPhone和iPad整个系列。更重要的是，和iPod

同期推出的iTunes的一部分演变成庞大的App Store应用商店，并因iPhone和iPad的拉动效应在苹果周围形成一个开放的创新系统，吸引了大量开发者，丰富的应用即是明证。

实用模式和酷产品模式之间的对比很有意思，实用模式在产品总量上占优，但人们总是更关注酷的东西。绝大部分曾大获成功的产品在推出时都是酷产品，然后逐渐转向了实用模式。

苹果的独特之处在于，它一直在酷产品模式上不断突破人们的想象，至少在乔布斯去世之前，苹果似乎从未考虑进入实用模式的领域。直到库克继任CEO四五年之后，苹果才逐渐推出实用模式的产品，比如2016年推出的iPhone SE（为隔代产品的简单复制）和iPad Pro（为前一代产品的简单升级）。

即便未来苹果的新产品推出暂时放缓或不够惊艳，有了这样的体系支撑，开放创新完全可以很大程度上替代苹果自身的创新。有了这个体系，苹果产品每一次改进虽实质变化不大，但冲击力不小，只因它专注于创新的前沿。在过去几年，我们看到了苹果在指纹解锁这样的实用创新特性和Apple Pay（苹果支付）这样的系统创新上的突破。

因此，苹果和乔布斯是绝对的超级创新典范，乔布斯既在规模运营的产品上极具创新力，又构建了持续创新的复杂系统。

细辨两类产品：复杂系统模式与规模运营模式

在创意工作中采用产品化思路，我们需要仔细分辨不同的产品。硅谷战略与创新咨询专家杰弗里 · A. 摩尔（Geoffrey A. Moore）对商业架构的两分法是很有启发性的产品分类思路，他在《公司进化论：伟大的企业如何持续创新》中把产品分为复杂系统模式和规模运营模式。

当我们说起“产品”这个词时，头脑中涌现的图像多半是苹果的iPhone、星巴克的咖啡、丰田的汽车这些具象的产品。因服务和互联网的加入，银行的柜台和电话服务、谷歌搜索也可能被人们想起。iPhone与汽车等对应的是规模运营，银行服务和互联网搜索对应着复杂系统。

简言之，规模运营是用于批量市场的标准化产品，复杂系统是处理复杂问题、提出个性化方案。规模运营，产品是标准化的，是海量复制的，客户数量众多。相反，复杂系统，产品是个性化的，是特定的、唯一的，客户数量相对较少。规模运营，产品是简单的，系统围绕产品展开，包括开发、生产、配送、零售、服务、品牌等。复杂系统是围绕客户展开的，比如一家银行为高端客户提供储蓄、信用卡、网络银行服务、理财服务及其他服务。规模运营中，产品是明确的；复杂系统中，产品是模糊的，其实复杂系统本身就是产品。这也是为什么多数人会自然地认为规模运营中的产品才是产品，而复杂系统中的不是，这是非常片面的看法。创意既可能产出产品，也可能产出系统。复杂系统是重要的产品类型。摩尔的这个对比把复杂系统模式明晰地摆在了我们面前。

对这两类产品，所要解决的问题是完全不同的。对规模运营中的产品，重点是打磨产品本身，追求产品本身的实用性和创造性，其次是使之能大规模地复制和销售。对复杂系统这类产品，重点是解决其自身的复杂性问题，确保系统本身的可靠性。只要想象一下麦当劳汉堡和波音客机的对比，对规模运营和复杂系统两者的差异我们即可有大致的概念。像苹果和乔布斯那样同时拥有超级创新的规模运营产品和复杂系统是很难的。

在规模运营和复杂系统这种二分法的区分下，在创意中接纳产品化就有两种不同的思路。

第一，寻求突破性的创意，创意成果即产品，然后以它为圆心构建可使之被复制化的系统。

第二，把解决问题的过程理顺、重构系统，在未来解决类似问题时以这个系统为起点。

在第四章中，我们还将讨论系统体系的话题。这里先讨论创意产品化，我们借鉴其他领域的产品化经验，提出三个产品化元素。

- 产品的完整性
- 产品的功能诉求明晰度
- 产品的创意智慧含量

完整性：没有轮子的“汽车”

在创意领域讨论产品化，可把已很成熟的产品思路借鉴到创意中来。围绕产品有产品战略、机会发现与定位、开发、市场测试与营销、生产与质量管理、生命周期管理等众多分支。由于创意的产品化仍很粗浅，我们可以回到产品的本质去寻求可借鉴之处。

产品最平淡无奇的本质之一是完整性。它是在创意领域应用产品化思路应参考的首要元素。任何产品，无论它是非常简单如杯子，还是非常复杂如汽车或互联网服务中的脸谱网、微信、支付宝，它们的基本特征都是“完整”。

当产品交付使用时，它自身的体系是完整的，能够相对独立地满足使用者的某项需求。以汽车为例，要使用汽车，我们当然要具备驾驶技能，需要办理牌照，需要加油等，但这些其实都是产品之外的，不影响其本身的完整性。如果一辆“车”需要我们自己另外再买轮子装上，那它就是不完整的。

如果我们买到的产品是“没有轮子的汽车”，所有人都会觉得可笑，因为这些领域的产品化已很成熟。但有些时候，我们却对“没有轮子的汽车”的情形见怪不怪，这是因为这些领域的产品化仍处在很初级的阶段。

- 比如，在设计领域，完成一项设计任务后提交的交付物可能有很多错误：缺了某个设计单项，作品不是以完整、精美的方式提供，没有提供使用指南等。
- 比如，管理者提出的要求只是星星点点，不能连成线，需要下属或合作者通过猜测来弥补。有的管理者总是不必要地反反复复修订要求，而不是在合适的时间点给出相对完善的要求。

- 比如，书面报告是沟通想法的重要方式，常见的问题有：文字、格式、逻辑混乱，报告不完整等。

这正是为什么“完整性”是产品化思路首先要借鉴的。完整性是把自己的创意与智慧成果在完整交付的作品中有效封装起来，而不是提供半成品。

完整性也是为下一环节的人创造便利，对你的成果，他可能非常信任地直接应用，也可能要验证过程、检查质量、进行改进，但他不必重复你的创意过程，而专注于他那一部分的创意。

产品完整性的一个重要判断标准是完成功能的所有部件是否齐备与独立。这个判断标准借鉴自咨询公司麦肯锡的工作方法——MECE（mutually exclusive collectively exhaustive），意思是分析问题所进行的分类要不重叠、不遗漏，做到相互独立、完全穷尽，从而有效把握问题的核心，找到解决问题的方法。

因此，创意过程的最后一步，应是确保完整性的过程：检查整体功能的完整性，确保部件的不重叠、不遗漏，以及从下一环节的视角确认完整性。这看似创意含量小，实则创意价值很大。

功能诉求：这个产品有什么用

任一产品的存在价值是它能满足用户的某种功能需求，这也就是产品给用户提供的所谓“核心利益”（core benefit proposition，CBP）。在创意领域讨论产品化，核心利益或功能诉求是可重点借鉴的产品化元素。

创意领域的产品大多不是面向最终用户的产品，而是过程中、环节间的产品，常常缺少对产品的功能诉求的关切。

在面向用户的市场上，没有满足用户的功能诉求的产品会因竞争被市场淘汰；但创意领域，为产品而产品的情形经常存在。

因而，“这个产品有什么用？它所满足的功能诉求是什么？”应成为创意领域时时自问的问题。

在创意领域追问“这个产品有什么用”，难点主要是确认“客户是谁”。常规产品的设计研发过程，难点是识别客户的真实需求，而创意中的产品化，连“客户是谁”都成问题。

创意上的产品化：一种可能的错误是根本不考虑产品化思路，无视产品化的可能；另一种可能是为产品而产品化，就像有的公司掌握某项技术之后直接开发产品，认为客户一定存在。这两种情况，问题都出在没回答“客户是谁”这个问题，前者是忽视用户，后者是假想用户。

追问这个产品有什么用，对产品核心利益的分析，可以帮我们明晰具体怎么做。分析产品核心利益有多种方式：第一种是从产品本身分析，认为产品应“功能合理、造型美观和价格低廉”；第二种说法是产品要提供给顾客独一无二的利益，要达到和超过竞争产品，要能简单、明了、直观地传递给用户；第三种是完全直接从用户角度出发的，认为产品应是“有用的、好用的和希望拥有的”。比如，星巴克为顾客提供的核心利益是高品质咖啡与具有独特风格的第三空间体验，用这三种分析均可有一定的启示。

追问这个产品有什么用，还可以避免在错误的问题上进行投入。对创意领域而言，这个追问用很基本的问题来进行：从投入讲，成本是否会节省？从产出讲，帮用户解决什么问题？投入产出比是否合理？

在创意领域，把解决独特问题的流程与方法一般化形成“产品”，以备未来解决一类问题，是常见的产品化过程。为了解90后用户的需求而进行一次10人的包括问卷、访谈、体验拍摄的深度调研，这肯定可以产品化，但是否需要产品化，则要做全面考量。把这次调研过程固化、产品化，能否对之后的调研有帮助？如果之后不再做类似深度调研，比如委托给外部合作伙伴，或改变方式转而进行大规模问卷调查，那么把此次过程产品化意义并不大。如果在未来会持续对不同年龄段、不同地域的用户做类似深度调研，则将之产品化可以提高之后的调研效率与效果。

创意资料：

从产品、软件与管理看创意的凝结

商业里常见的三种创意成果是产品、软件与管理，它们的创意过程却有着极大的差别，并没有把人类智慧凝结成创意成果的统一方法。

如果组织的创意成果是产品（无论是复杂的汽车，还是简单的快销品如牙膏），通常是先进行产品设计与开发，然后大规模复制与生产。如果是软件或互联网应用，也就是以代码组织的创意，则通常在初期的设计、开发之后，仍需要对代码和系统进行持续的创造工作，开发团队会继续改造、扩充新功能，在系统建立起来后，运营团队就变得和开发一样重要。管理也包括建立团队与体系、驱动团队完成目标前后两个部分，但前面的团队构建、战略规划在时间上几乎可以忽略，重点在驱动团队完成目标过程中的应变。但换个角度看，团队和体系的构建其实存在于团队的整个生命周期。

在产品上，人类创意通常以非常硬的方式被固化下来。设计开发过程中的创意都被显式固化下来，生产过程中的创意如流程改进等则隐含在产品中。在软件和互联网应用中，创意被以代码这种非常逻辑化的方式固化下来，运营过程中的创意却又非常多变。在管理中，固化下来的东西常常较少是真正重要的（大概只有组织结构或人的组成是重要的），日常的、反映了管理者与团队所有人特点的行动是管理的主要形式。

产品的设计开发，软件或互联网应用的开发，建立团队、体系与战略，三者的前期工作通常会被认为更具创造性，因为它们的成果常常是全新的事物；而大规模生产、互联网应用的运营、日常管理等后期工作，则多半被视为日常、常规。但实际上，前期工作可能有大量的先例可以借鉴，而后面遇到的问题反而都是新的、都是特定情况下产生的，也可能需要以新的方式去解决。

提升智慧含量：将创意注入其中

将产品化思路应用到创意领域，除了追求产品的完整性、追问这个产品有什么用之外，还有一大挑战就是怎样竭力提升产品之中的创意含量。

任何产品的设计开发过程，都是洞察用户需求之后，将创意与技术在产品中凝结、将设计开发过程中的创意在产品中凝结的过程。产品化的结果，是用户不必（也不应）重复经历开发者那样的创意历程。

星巴克创始人舒尔茨曾出版了一本自传《将心注入》（*Pour Your Heart Into It*）。借用他的说法，在产品化的过程中，我们要将三类创意注入其中。

- 设计与美感
- 各种技术
- 创意过程

过去，创意经常与设计、美术相提并论，这里我们应该回归创意更本源的含义。创意是依赖人的智慧、用全新的方式解决既有问题，它既可能是在设计上打动人心，也可能是在“技术”（工程技术、管理水平、商业战略等）上更胜一筹。

卡内基·梅隆大学工程学教授乔纳森·卡根与设计学教授克雷格·沃格尔在合著的《创造突破性产品》中使用了一个2×2的矩阵来区分产品，坐标分别是“技术”和“造型”，它将产品分成了低技术低造型、低技术高造型、高技术低造型、高技术高造型四类。以咖啡店为例，它们对应的分别是小餐厅、咖啡店、高档餐厅、快餐和星巴克。这个例子中的技术更多指的是背后的运营水平。要提高产品化中的创意含量，我们的路径可能是从小餐厅走向技术含量高的连锁快餐，也可能是走向高设计含量的高档餐厅，但最具智慧含量的，还是兼有设计感和高技术的星巴克。

除了设计、美感与技术之外，要注入产品中的第三种创意元素是创意过程，将创意的过程固化到产品之中。这第三种创意元素经常被忽略，但又非常重要。

杰出的创意有爱德华·德·波诺（Edward de Bono）所说的“非对称”性的特点，也就是从起点往创意结果走的过程很艰难，像攀岩一样；站在结果处往回看，原来很简单、很容易。产品化就是把从问题起点到创意成果的艰难过程，变成从成果到问题那样的简单路径。这也是为什么要把创意过程注入产品中，让后来者不必再走创意过程。

怎样凝聚、累积、传承知识，这一直是个难题。知识管理是解决组织中的隐性知识记录、分享与传播的问题。这里我们提到把创意过程凝聚到必然会重复应用的“产品”中，虽然只是涉及一小类知识，也是极有价值的。

作品是自己的，产品是服务他人的。产品化的过程是把我们的创意努力在成果中固化、放大效能的过程。创意管理中的产品化，是为了让自己和群体避免在低水平上浪费创意能力，而能投身于更重要的创意。

[第三章]

让创意与组织相容

创意精英是一个极其难以管理的群体，在老旧的管理体制中尤其如此。因为无论你付出多少努力，都无法管理这些人的想法。如果你无法管理创意精英的想法，就必须学会管理他们进行思考的环境，让他们乐于置身其中。

——埃里克·施密特

人们似乎是被迫地在自己与他人之间铺上了隔层、垒起了墙壁……这些障碍束缚了我们，抑制了创造力，限制了想象力，浪费了时间，扼杀了梦想，而且最重要的是，它们让一切都缓慢下来……我们面临的挑战就是突破并最终扫除这些壁垒和障碍。

——杰克·韦尔奇，1993 年致股东的信

当我们试图在历史脉络中理解创意工作者时，最不能忽视的

是，现在及未来创意工作是高度组织化的，也就是说，它是依托群体、在群体中完成的。

在引言中讨论创意群体时，我们提出：要关注的不是个体的创意，而是群体的创意；重点不是新想法的迸发，而是体系的构建；目的不是得到新想法，而是有创意地解决问题。怎么让创意工作者与组织相容，是我们在个体的创意的挣扎、产品化思路之后要探讨的创意管理要素。

组织化的创意

突然之间，现在所有人都期待这个世界变得有创意，不再满足于长期以来管理学、商业理论所讲述的理性世界。结果就是一些创意公司的神话，比如知名设计公司IDEO或北欧设计典范的宜家，比如当下最热的苹果、皮克斯与乔布斯，比如对新奇公司（从微软到雅虎再到脸谱网）的特别钟爱。这种神话是一种反抗，故意选择忽视其中的痛苦，展现神话般的创意过程与成果，为商业重新注入魅力。

这种神话进一步激发对创意的期待，但到某一刻，我们会意识到，神话仅仅是走向创意的第一步。

围绕创意的最大误解之一就是依托少数“天才”这回事，认为创意创新是少数天才的事。我们在定义要讨论的创意时，已经努力避免这种误解。我们讨论的主要是群体层面的创意，我们认为创意工作者是问题解决者与体系构建者。

在讨论创新创意时，爱迪生这样的发明家形象常被视为典范。其实，“发明家”这个名称带来的是很陈旧的意象，个体的“发明”早已被有组织的“研发”取代。伊梅尔特在试图把通用电气带向新阶段时，他从通用电气的根源寻找出爱迪生精神来激发组织的创新氛围。他重新发现的不是发明家个体，而是在研发体系上的大力投入。

当代很多创意成果都是组织的产物，远的如研制原子弹的曼哈顿工程、IBM的360系统开发，近的如苹果iPhone的开发。创意的组织化能力不是简单的分工能解决的，它考验的是领导（对事的愿景和对人的洞察）、架构（对事的拆分与组合）和协调（让人、事、组织平滑运转的能力）。

我们可以做这样一个类比来呈现“组织化的创意”场景：创意工作者是参加嘉年华狂欢的人，而不是舞台上那个唯一耀眼的大明星，明星很光鲜但其实只是背景。

因此，我们讨论的创意不是个人的灵光一现，而是组织里群体的协同与合作，最终成果是组织的创意。个体天才仍占据重要位置，但已不是唯一和核心，组织与群体是创意成果产生的主体。

麻烦的是，虽然创意逐渐成为组织生存的核心，很多时候组织却和创意人是不相容的。创意人在绝大多数组织中处于“边缘”，虽然这种边缘往往是创意迸发的原因。

创意管理的关键任务是让组织激发创意，让创意人与组织相容，让组织不要阻塞创意。

组织为什么成为创意的障碍

组织为什么成为创意的障碍，这个问题要从组织化生产的历史说起。组织化的生产在人类历史上的时间，既可以说长，也可以说短。长是因为，考古发现早已证明人类的原始祖先们是以群体方式劳作的，群体的思考与生产方式深嵌在我们的基本思维结构中。短则是因为，现代的劳动分工、工厂式生产、办公室工作、软件产品开发，都是100多年甚至更近期的事。

组织化生产决定着几乎每个人的工作方式，但过去100多年的个人自由观念，又在多数人的想法中占据主导位置。这两者造成相互矛盾的情形：个人自由触动了人心，组织化生产变成很多人想要逃离的樊篱，逃离是每个人心中潜藏的梦想。让状况更复杂的是，当谈及创意工作时，越在意个人自由、越想逃离的人，创意潜能往往越大。

创意时代让组织化生产的两个方式失效或部分失效。

其一，组织化生产的一个基本思路失效了：让数量众多的人做同样的工作。这样的重复（单一工作 × 人员数量）在创意工作中基本上已经消失，没有人在做完全相同的事。以软件与程序为例，没有两个人在做同样、重复的事，代码不需要写两遍，如果做一模一样的事，则说明有一个人是不必要的。即便表面上看着做相同事的人，他们实际处理的问题也有很大差别。

团体操思维早已过时，但取而代之的不会是一个人的现代舞独舞，而是人数众多、千姿百态的创意嘉年华。

其二，分工的概念部分失效。创意工作虽有领域之分，但大规模的分工却变得不可能，紧密的创意小组是常态，创意小组的成员共同组成不分彼此的“集合的大脑”。

创意的组织化挑战就是你能组成多大的团队，让多人像一个人一样极具创意潜能并产出成果。团队的创意效果在人数增多到一定数量后开始下降。有效创意的团队人数越多，说明创意组织力越强，也说明背后的支撑体系越强。

把某些创意组织奉为典范甚至捧成神话并不能解决创意和组织互斥的问题。简单地模仿创意神话中的工作氛围、创意方法，通常也不会奏效，照抄工作空间的装饰是失败的案例。

走出神话，我们发现，组织的创意还是要与商业里所有的经验与知识谱系接上，在神话阶段我们故意切断它们的关联，片面强化创意的光芒。创意的核心想法出现之后，需要组织里很多非创意的东西支撑才能发挥成效。

就组织的创意而言，如下这几个方面在管理著作和经验实践中都可以找到参考：创意的人——如何解放与激发人的创意；创意过程——如何让创意过程顺畅无障碍；创意组织——如何分配职责、协调分工、奖优惩劣；创意成果——如何确保最终成果是优秀的。走出创意神话，我们对那些被神话的公司与组织也会有新的理解。

虽然很想塑造这样的景象：组织中每个人都是创意人，每个人都在富有创意地解决问题。但我们需要清醒地认识到，从现代企业组织出现之初，创意人和组织很大程度上是不相容的。但我们又不能无视大趋势：创意的份额与重要性都在快速上升，创意人是组织的活化分子，兼具着实际意义和象征意义。

创意人需要自己争取，组织也要为创意和创意人创造出施展的空间。接下来，我们从组织结构的角度，讨论让组织和创意人相容的三种方法。

- 隔离法
- 支撑法
- 闲适法

隔离法

组织一直因高效执行而存在，至今未变。让组织变得对创意人友好并不需要改变这一点。

在现实中，创意人多处于组织边缘，说得好听点是“跨越边界者”。这是因为当创意形成之后，往往还要花十倍、百倍的工夫使之实现，在这个过程中几乎所有人都忘记了创意的价值，创意人被放逐或自我放逐了。

很自然地，让创意人和组织相容的方法就是遵循现实实践，采用“隔离法”。这并不是什么新方法，比如在讨论创新时常说的“臭鼬工厂”（Skunk Works），就是通过隔离来避免组织内部的创意被官僚主义限制。这个名字是洛克希德·马丁公司在战时机密研发计划的别称，它研发了很多著名军用飞机型号，和公司总部完全隔离。

2003年，时任宝马全球设计总监的克里斯·班戈（Chris Bangle）在《哈佛商业评论》撰文，讲述宝马如何把商业和艺术结合起来，其中，他讲了一位汽车设计师如何被工程师直截了当的评论伤害的故事，班戈极有说服力地说明了隔离的价值：

> 保护艺术家，意味着不要让他们听到那些不懂艺术的人做出的虽无恶意却时而有伤害性的评论。如果让一位艺术家知道太多并不成熟的反对力量，他就会冲动地选择放弃——这对你从事的项目来说可谓釜底抽薪。一句无心的评论可能极具毁灭性。

为了挡住这些意见，宝马设计部的入口被贴上“止步：严禁入内”的标牌，在无人陪同时，工程师和成本分析人员不得进入设计部，即使应邀进入通常也是在设计师吃午饭的时间。

克里斯·班戈在宝马采取的是非常极端的做法，不是每个从事纯粹创意领域的人都能得到类似的待遇。

当组织中有一群高水平的创意人时，隔离始终是不错的选择：让他们独立存在，相互激发。他们和外界的唯一联系就是“保护人”，像班戈、施乐帕克研究中心（PARC）历史上的传奇领导者帕克与泰勒、曼哈顿计划中的格罗夫将军与奥本海默等。

我们可以从四个方面来看隔离的优点和缺点：第一，组织需要能确保结果的完成（无论是战略端，还是实际产品端）。在运用得当时，隔离是有效的。第二，组织内需要进行高效的知识传递和积累。隔离使这一点变得困难。第三，组织需要营造创意氛围。

隔离法可提供象征意义，但对整个组织氛围的影响不大。第四，组织需要提高执行效率。隔离所形成的明晰分工可达到这一效果。

支撑法

组织的最高领导者常常被视为有创意的，或被期望有创意。谈到一家公司的创意时，人们经常将成就归功于他们。这是一种有趣的误解。虽然他们中的确不乏极具创意的人物，但他们甚少是狭义的创意人，而是挑选创意的人与保护创意的人。他们推动组织最终把创意实施出来。

组织的最高领导者拥有一种支撑结构，或说善于建立支撑创意与行动的结构。这个结构可能是组织的，可能是人际的，可能是知识的，可能是财务或法律上的，也可能是外部资源上的。这恰巧是创意人最缺乏的，他们缺少这样的补给线，优秀创意多半在挣扎的过程中消失了。

这正是为什么我们把“支撑法”列为让创意人和组织相容的方法之一。

组织要以优秀领导者，特别是被视为有创意的领导者为榜样，建立支撑创意的结构，即构建能产生创意与实施创意、相互竞争与相互支持的组织机制。

如果以我们所说的创意人是“问题解决者”和“体系构建者”来看，组织的最高领导者也更多地偏向于体系构建者，而不是提出精彩想法的那一个体。如果他们仍在发挥提出精彩想法的个体创意者的角色，那组织可能是扭曲的，因为那会压制其他人的创意。如果把组织的最高领导者视为产出最有创意想法的那个人，那么可能造成很糟的情形：所有人都在等待他怎么说，当他说出一种想法时会被大家奉承，这个想法的成功或失败都被归功于这个人。

之所以需要建立支撑结构，是因为创意人通常缺乏自己建立支撑结构的能力，他们通常也并未被授权这么做。

服务于创意人的创意支撑结构，既可能复杂到是一个完整的发现、优化、执行创意的团队，也可能简单到就是一个搭档，两人一起协同处理创意的理性面与感性面。一个搭档可能是最简单、最有效的方案，但也可能是最难的方案，寻找好的搭档比组建一个团队更难，好的搭档很容易发展为一个大的团队。很多优秀公司或项目归结到最后就是两三个人之间的互动。

在上一节讨论“隔离法”时提到保护人的角色，我们应该特别注意，组织的最高领导者不宜充当创意的“保护人”，那样的成本可能比收益要大得多，因为他们的影响力太大了，会导致资源极有可能因此被全部投向错误的项目，等醒悟时为时已晚。

组织的最高领导者的角色，应是为创意人建立为之服务的支撑结构，又让整个结构处于竞争之中。这就像领导者自己在整个社会中的角色一样，他拥有自己的支撑结构，他又直接身处外部竞争环境中。

于其说组织的最高领导者个人拥有创意，不如说他们拥有领导力的必要成分，比如概念化的能力、建立架构的能力、推动他人行动的能力和洞察人性的能力。

组织的最高领导者很多并非最优秀的狭义创意人（提出绝佳的想法），他们多是因善于洞察人性而上升到这个高度。换个角度说，他们可能是最务实之人，又因追求极致而显得有创意。

创意人往往所缺的正是极致务实这一面。补充务实的一面因而常是建立创意支撑结构或选择搭档时应重点考量的。

闲适法

关于创意的产出，有一组对立的看法：一面是，让创意人适当处于闲适状态，可激发出创意；另一面是，创意人持续不间断地工作，更可能在这种“练习”过程中产生创意。

这两者可能都对。独立的创意人大多是闲适的，因而需要强调不间断地工作，比如许多优秀作家保持每日像上班一样有规律的创作习惯。在组织环境中，可能更要强调的是给创意人以闲适空间，组织是为效率、效果而创建的，闲适是它所欠缺的。

关于闲适与闲暇的价值，有非常多的论述，这里仅从创意角度做一对比：一般而言，快与忙，通常意味着被外界驱动，大多是无意识行动；慢与闲，则意味着我们自己掌握主动。

掌握主动的选择权、有意识地行动是创意的起点。

在企业中，为特定创意人创造闲适空间，减少目标的压力，是让组织与创意人相容的必要一步。

组织是否有创意，可以从它是否有这样的闲适团队、有几个来进行粗略的判断。在20世纪，在公司中设立独立的战略规划部门受到非常多的批评，但是，回顾看和现在看各类公司，脱离日常实际业务的战略规划部门为战略这一重大事项创造了必要的空间。它之所以受到批评，只是因为走得过于极端，从幕僚变成了主角。

给创意人以闲适空间是件知易行难的事。从组织的形态和目的看，为便于讨论，我们可以粗略地将之划分为三类。

- 执行效率型
- 思考反思型
- 艺术放任型

执行效率型，有执行力、高效率；思考反思型，中长期战略很优秀；艺术放任型，常有优秀作品，但产出不稳定。在商业组织中，执行效率型偏多，都是在发展过程中才逐渐发现学习和创意的重要性。彼得·圣吉倡导的学习型组织理念，在企业界大受欢迎，流行几十年，信服学习与反思理念者人数众多，却仍没有能在企业组织中落地生根。从务实角度反思，出现这种状况的原因可能是一体两面：一是过于强调全员参与学习；二是强调个体的反思与行动，从而在全体和个体两端摆动，缺少组织中的基础单元也就是部门的参与，因而很难落到实处。当然，这是对学习型组织理念的高要求，能推动组织整体学习和成员个体的反思已经非常难得了。

闲适法，是从自上而下的角度看。“臭鼬工厂”式创意团队是自发的、隐藏的，是自下而上的，是团队为自己“争”或“骗”得自由空间。

它们的共同点是，获得闲适空间的团队都掌握了行动的主动权，有意识地、清醒地做自己的选择，并最终因这种清醒获得成果。

有一定历史的优秀组织（持久发展仍未消亡的）有一个共同特点，内部常有一些奇特的人，单独看非常优秀，但又似乎被浪费、闲置，却在意想不到之时大放光彩。这是组织因历史累积而来的从容与闲适创意空间。

让组织和创意人相容，已经部分涉及怎么构建体系，这里所说的隔离法、支撑法、闲适法都是关于人的体系。在下一章，我们暂时离开人的层面，去看看怎么构建事的体系。

[第四章]

构建创意体系

聪明的创意是风险最高、成功概率最低的创新机遇的来源。

——彼得·德鲁克

理解事物的唯一方式是对模式进行思考，而不是对人。

——马克·布坎南

我们为什么没创新、没创意？无论从宏大的国家层面、整个知识经验积累的层面，还是企业与组织的层面、个人的层面，有一个理由是，我们太想创新和创意，但缺乏建立背后支撑系统所需的整体思维与长期思维，更缺乏必要的耐心。最极端的情况是，我们甚至连回头梳理一下经验教训都懒得做，更不必说长期地思考、积累与形成体系。结果是，每一次我们的创新和创意都不得不“重新发明轮子”。

我们缺少的是一台“高速有效的知识机器”。按照台湾地区知名文化人、创意人詹宏志的说法，一台有效的知识机器能“集中知识研究力量，归纳各种新规则的出现，记录各种新行动的例证，产生新观念与新解释，并将它快速复制传播，这将使整个社会摸索的成本减少许多”。

这正是为什么我认为构建创意体系是创意管理的关键要素。创意管理要寻找和构建背后的系统，这个系统和体系看似没有多少创意性，却是创意的核心驱动器。

在本章中，我们将先探讨提升模式化水平、建立固化机制和学会定型方法这三个话题，然后从丰田精益生产方式中寻找对构建创意体系有实用价值的启示。

提升模式化水平

我们注意观察会发现，“穷忙”现象甚多：重复解决同一个问题；每个人聪明的结果却是群体的愚蠢；问题和努力完全错位、不在一个层面；剪箭疗伤甚至掩耳盗铃式行为盛行；群体易情绪化但缺乏记忆；没有反思、总结和传承经验教训等。这反映的就是模式化水平或制度化水平低。

唐代诗人杜牧有“丸之走盘”的妙喻：“丸之走盘，横斜圆直，计于临时，不可尽知。其必知者，是知丸之不能出于盘也。”

往有边的盘里放丸，我们知道“丸之不能出于盘”；而往无边的平桌上放丸，我们不知道它会滚落何处。

因此我们可以说，“有边的盘”的模式化水平要高过“无边的平桌”。

我们可以进一步用这个比喻来讨论模式化水平：我们要把16颗玻璃球在有边的盘里摆好，横平竖直分布均匀。这个任务其实并不容易，费心费力还不一定能完美地完成任务。

如果我们已经在盘上画好了4 × 4的格子，那么，把球摆放好则比没有线的盘要相对容易些。在面对这次任务时，我们先花时间画上线条，可以让下一次再面临同样任务时更轻松。

如果在盘上每个放玻璃球的位置我们已经打磨了凹槽，那么这个任务就变得很简单。

边框、线和槽分别是某种自组织机制，它们提高了模式化水平，减少了不必要的程序。

模式化水平最差的情形，莫过余英时先生曾说过的一个比喻：巨石走峻板。巨大的石头在陡峭的坡上滚落而下，巨石在下落的过程中积累巨大的冲力，非达到平地不能停止。让问题更糟的是，很多情形下并无现成的平地，下方是无尽深渊。终极的平地是存在的，但那通常已经是坏得不能再坏的情况了。

我们可以选择逐步改善这种情况的模式化水平：可以选择去除陡坡和底部有价值的物件，即便巨石落下也不会造成损失；或者改造这个“峻板”，隔段距离建立一些小平台，每个小平台都会缓解巨石下落的冲力，缓解风险；也可以对顶部的巨石进行加固，甚至移走，避免巨石掉落的风险。

这种模式化水平或制度化水平，在组织中也有很明显的例子，据说每当产品开发项目出现延缓问题时，甲骨文公司CEO埃里森每周会从项目中减少一个人手，直到项目完成。软件开发项目延期，选择减人而不是加人，这种反直觉的方式之所以有效的原因是，与体力型工作不同，程序员人数与成果并不成正比，减人是为了降低开发项目的沟通难度，从而加快进度。

7-Eleven便利店创始人铃木敏文也采纳类似的机制和思维模式。他发现，在工作变忙时增派人手，只会让工作更加细化，导致效率更加低下，陷入恶性循环。如果不能改进工作方法，效率永远都不会提高，只是在重复相同的工作。铃木敏文说："动不动就增派人手其实是变相掠夺了员工在工作中成长的机会。"

我们还可以在更大的数量级上看模式化水平。蚂蚁是比人类智能低得多的动物，甚至可以说没有智能，但一群蚂蚁的智能可能超过一群人。仔细观察过蚂蚁觅食的人会同意这一点，几万只蚂蚁的蚁群，它们能有效地觅食，而一万个人，几乎没有有效的组织方式。蚂蚁之间传递信息也非常简单，就是两只蚂蚁的触角轻轻相碰，蚁群没有也不可能存在指挥者（领导者或管理者）。

斯坦福大学生物学家黛博拉·戈登（Deborah Gordon）发现，蚂蚁的记忆大概只有10秒。蚁群出去觅食的机制只有一条基本守则：如果以正确的时间间隔碰上正确数目的巡逻蚁，就出去找食物，否则先不要行动。毫无智能的单只蚂蚁形成极有智能的蚁群，是因为它们拥有这样一个由简单规则形成的自组织机制。

模式化水平或制度化水平应该成为我们思索自身困境与寻求解决问题过程中一个重要的思考路径。回到盘与珠的比喻，用有边的盘子装玻璃球，在盘上预先刻好槽，就是从机制的角度出发解决问题。

从机制的角度解决问题，需要更大的创意和智慧。

建立固化机制

如果考虑到我们要很多次把球按某种规则放在盘中，在盘上预先打好凹槽，这就是建立一种固化机制。

我们处在这样的情境之中：事物的运转规律都是经历新生到固化这样一个流程，但是，很多人热情投入发起新事物，却甚少在固化机制上投入关注。我们经常耗费很多辛劳与智慧，去弥补制度化水平的不足，而不是建立固化机制，从而相对彻底地解决问题。重复是我们要面对的问题，甚至说是我们要面对的常见情形，很少有事情我们只用面对一次、每次都是全新的。

在组织中，固化机制其实是自然而然的过程。相对完整经历过一个企业的新创或参与企业里部门创立的人都会看到，团队、流程、产品从一片混沌中逐渐成形，把惯例固化。之后，我们通常会经历驱动其加速、在新的状态重新达到平衡的过程，也会经历变革、混乱、再次固化的过程，有时还有彻底重构、再成型的过程。这里的共同点是都有隐藏的固化机制在起作用。

我们强调固化机制，是要让它从隐藏、无意识的，变成明确、有意而为之的。

建立固化机制很少被重视，多半因为它不酷，发起新事物更酷，推进固化机制看似就是一个古板的事项。

建立固化机制甚至比每次的重复都还面目可憎：重复可以依靠惯性而行，而建立固化机制却需要投入心力；每次重复都可以看到直接的成果，而建立固化机制却只能看到中间成果。

不过，我们也发现不少优秀的领导者是建立固化机制的高手，他们擅长把事务推上正轨、变成自运转状态。他们也善于打破成规、推动变革，然后再次让事务进入自运转。

实施固化机制，需要对抗两种主要阻力：一是认为固化就是僵化的误解。固化不是僵化，固化是反思、梳理，固化是形成未来改进的基础，不假思索地重复才是僵化。二是固化过程同样需要付出努力，这使得很多人不愿意付出这看似额外的努力。这需要我们了解固化带来的价值，当价值大于付出时，行动就变得相对容易。或许我们应该把“固化”变成我们个人方法工具箱中的标准动作、惯例，这样可以很大程度上抵消阻力。

固化、正轨、自运转的对立面是僵化。僵化的表现之一是不允许改变，固化思维则鼓励固化后的持续小改进与大变革。僵化常是不假思索地接受所有假设并照章行事，是把资产变成负债。固化要解决的问题是避免重复发明轮子，是让事务进入自运转，是把负债变成资产。比如一项工作的流程，如果已经被固化，变成可标准化的、可参照执行的流程，则可以视为资产；而如果没有被固化，每次重复相同的工作时都需要重新摸索流程，应被视为负债。

先是不愿固化，之后却又自然地走向僵化、把习惯视为理所当然的，这可能是人的本性。这是推动固化时我们要特别关注和应对的。推进固化机制应找到真正接受固化机制并已经体会过固化机制益处的人，一起推动它的扩散。

能推动固化机制的人多是主动型的、活跃的，而不是被动地接受惯例、规范和现状，他们的行动是在改变现状。这样一群人一起所做的是把事情推入正轨，又不断有意识地挑战已固化的事物，发起变动，不断在变动和固化之间轮转。变革常被认为是让事物从常态到非常态。我们必须说，推动事物从非常态到常态，也是重要的变革行为。

当然，我们并不是随便固化，而是要了解什么值得固化、什么不需要，也要掌握固化的方法，这就是下一节要讨论的内容。

学会定型方法

实体产品从研发到生产，一个常被遗漏的关键环节就是定型。研发新产品的第一阶段是设计、测试、试生产，这是高度不确定的创意状态。第二阶段是按确定的产品设计进行规模化生产和销售。定型，就是从第一阶段到第二阶段的那个环节，将产品创意固定下来，将第一阶段的智慧凝聚、固化到产品中。我们这里所说的定型，就是把这种产品从研发到生产的中间环节扩展到创意领域。

第一，定型让重复变得更容易。

我们要面对的事项从本质上看是不断重复的，但我们都不希望看到重复而期待新意。我们也常常只看到表面差异而看不到重复的内核。只要仔细观察，重复无处不在。在许多看似不同的事务中也能看到本质的重复，比如一个新产品的推出和上一个产品有共通之处，而不同的产品销售背后的流程却很相似。

一般来说，如果一事要不断重复地进行，在操作过程逐渐稳定时，复盘整个过程，把流程记录成文字进行优化，然后定型为标准操作流程，会极大地减少之后重复所需要的努力。

要检查确认一项任务是否齐备地完成，如备有明确的10个分项检查列表并一一对照，则很容易确认；如没有，则需要做事的人很认真、很努力、很用心，即便这样还易出错。

定型，除了让当前一再重复的行动能简化之外，更可成为优化、改善、彻底变革的基础，更能让我们把人的创意和智慧用到更有价值之处。亨利·福特在1926年就非常清晰地阐述了这一点："现今的标准化是促成未来改善的必要基础，如果你把标准化视为现在你能想到的最佳境界，但是未来可以做到进一步改善，你就能有所精进；但是，如果你把标准化当成设定种种限制，那么你的流程就会终止。"

第二，定型把负债变成资产。

举例来说，程序代码是投入大量人力和财力创造的，凝聚着程序员的工作时间和智慧，但很多公司那上百万行的代码库既可能是庞大的宝贵资产，也可能是令人痛苦的负债。实际情况中，多数公司的庞大代码库是负债，无法读懂，难以修改，更不用说重用。

但是，如果代码不断被重构和封装成标准化的类库与开发接口[软件开发工具包（SDK）或应用程序编程接口（API）]，已经被严格测试过，可以直接在新产品中使用，它就变成了资产。

代码重构和封装就是定型的过程，它的成果不是给客户的最终产品，而是在内部把价值状态不明的事物转变为资产。仍以代码进行讨论，我们都知道代码的行数并非越多越好，在功能完备的情况下少反而较好，少就减少了出错的可能性。定型的过程常是精简的过程，定型的成果也不是以数量取胜。

第三，定型对流程进行优化。

用秒表精确记录工人的行动、把工人视为机器，科学管理之父泰勒因此备受批评，但他绝不应因把工序标准化而受到任何批评，工序的固化是工业规模化生产的基础。明茨伯格在研究管理者的行为时，也带着秒表去观察，最终写下关于管理者的经典著作《管理工作的本质》，把管理工作从理论模型层面上定型。

定型是把运作有效的流程模式、最佳做法确定下来，重复运行，并持续优化。显式地把作业流程模式确定下来，大概没有什么企业做得比日本企业（特别是丰田）更好。丰田的标准作业图包括两大部分，一部分是工作步骤，一部分是员工执行这项工作时的移动路线图。比如一个33秒的动作可以被分解成11步，看开始几步就可以知道它有多详尽：（1）取A篮子，1秒；（2）走到配件区，取装配件，6秒；（3）取B篮子，1秒；（4）走到配件区，装配配件……

为避免误解，必须解释一下，这里并不是把人视为机器，其背后的逻辑是，“作业员是最重要的资源”，机器为人服务，而不是人为机器服务。

从丰田生产方式的创始人、现场管理大师大野耐一的这段话可以看出作业员的角色：“一位生产线工作者要写出一份让其他人能够明白的标准化工作说明表，他必须相信这份说明表的重要性……避免瑕疵产品、操作失误、意外情况等重复发生，并纳入工作者的想法。”这样的做法同样适用于知识工作者，唯一不同的就是，知识工作者的任务可控性没这么强，相对要粗线条一些。

定型，并不只用于多次重复的行为。我曾听过这样一个故事，一位中国出版人去日本东京拜访合作伙伴，负责接待的人提前一天按照行程从酒店按设计路线乘坐地铁去所有11个地点，第二天的实际日程全部按照设计进行，没有错过一次约会时间，这体现了接待人的专业精神。拜访只会做一次，不会重复。接待人用其他方式预演，把路线行程定型，让会议交流这样的创意过程得到保证。

总的来说，定型就是把重复变得容易，把负债变成资产、优化流程，也就是把之前的人的创意、智慧、努力用某种形式确立下来，让我们可以把创意用到更需要的地方。

定型是为新创意留出大脑空间，定型也是让创意效果规模化的手段。创意的凝固是收获成果的关键一步。

定型可以用在产品设计、生产流程、标准规范乃至团队共识等诸多方面，比如形成企业的共同愿景的过程就是定型的过程。

定型常遭到不自觉的反抗，需要多费很多精力去说服。这种不自觉的反抗有多种原因，这里分别进行一些解释：

- 认为每件事都是独特的，需要根据实际情形而定。这要么是没有发现各事项之间存在重复的部分，要么是没有看到定型后可规模化的优点。

- 担心定型会把自己限制住。这是混淆了僵化和固化，建立固化机制、推进定型的过程，本质上是为了持续改进。

- 把定型视为被强加的规范与要求。很多人认为创意源自对规范不满而进行的挣扎，因而不自觉地反抗任何规范。定型是创意的助推而非障碍，是我们对自己的要求。

创意资料：

创新与创意的来源①

企业创新与创意的来源，公认最有启示的观点是彼得·德鲁克在《创新与创业精神》这本出版于20世纪90年代的企业创新经典。德鲁克指出，创新机遇源自7个方面，前4个来自企业或组织内部：（1）出乎意料的情况；（2）不一致；（3）程序需要；（4）产业与市场结构。后3个来自外部：（5）人口的统计数据；（6）认知的变化；（7）新知识。

① 资料来源：彼得·德鲁克. 创新与创业精神[M]. 张炜，译. 上海：上海人民出版社，2002.

程序需要是值得关注的一种创新来源，指的是机构每个人都知道这个需要存在，却无人行动，但“当创新出现后，它立刻被当作‘熟悉的’事物而被人们接受，而且不久它就会成为‘标准’了”。科学及非科学的新知识被德鲁克列在创新来源的最后一个，他认为尽管以新知识为基础的创新引人注目，却是“最不可靠、最不能预测的来源”。

与其他从企业成果角度讨论的创新不同，德鲁克视创新为资源，并从根本上探究创新的来源，而不是花大篇幅讨论诸如饮料的易拉罐这些“聪明的创意”。他认为“聪明的创意是风险最高、成功概率最低的创新机遇来源”。这是因为聪明的创意在较浅的层次上解决问题，它有其必要性，但能带来的影响却必然局限在有限的范围。

建立创意体系：来自丰田生产方式的创意管理启示

从投入产出比看创意的特征是，同样的投入，产出可能有数十倍乃至百倍的差别。在艺术等个体发挥创意的领域，我们可以安心享受天才的创作成果，完全忽视平庸的作品；在商业组织中，在依靠团队创意的领域，我们不能等待自然的筛选过程。

风险投资的做法是适者生存的自然法则，靠眼光挑选，最终以一个成功案例弥补数十个失败。把赌注押在一个天才或一群天才的身上，也是类似的做法。

但大多数人无法这样做，我们要另寻出路。

创意管理要解决的问题，是在排除风投式筛选和押宝于天才的情况下，如何让团队能够产出超出一般水平的成果，方法是构建创意体系。

如何构建创意体系？我们可以从日本生产方式、日本管理思维，特别是丰田的精益生产方式中得到非常多的启示。

紧张思维：丰田生产方式的创意

丰田生产方式对于工业生产来说，关键不是诸如可以在发现瑕疵时暂停生产线的安灯系统、可视化的看板系统等，而是背后的精益思想。对于创意管理来说，或许工厂里的很多方法都无法借鉴过来直接使用，但它的思考方式可以极大地激发创意想法和提高创意的产出，成为我们建立自己的创意体系的基础。

“让问题浮现”是丰田方式的基石之一。丰田方式的核心是消除浪费，它的方式是建立所谓“一个流”（one-piece flow），也就是无间断流程，其价值就是让流程中的问题暴露出来，让问题得到解决。

精益生产研究者、《丰田模式》（*The Toyota Way*）作者杰弗瑞·莱克（Jeffery Liker）比喻说：“就像一艘船航行于充满危险礁石的海域，只要礁石（问题）被海水覆盖，就能顺利航行；可是，一旦海平面降低，船可能很快会撞上礁石而损坏或颠覆。”

丰田的方式是降低水平面，让问题浮现，迫使人们解决问题。遇到问题时，任何一线员工可以暂停生产线，这也是迫使问题浮现的一个策略。

创意工作被视为一个个大黑匣子，看不到其中的问题，等到问题暴露出来要解决时，往往需要付出极大的成本。

找出根本问题，问5次“为什么”，是丰田解决问题的方式。丰田生产方式的设计者大野耐一认为，要真正解决问题必须找到产生问题的根本原因。连续问5次为什么，不满足于初步的答案，持续追问下去，深入地挖掘，直到找到真正的原因，从而在更根本的层次上解决问题。

比如对于工厂地板上有漏油，第一次询问为什么的答案是机器漏油，对策则是修理机器；第二次问为什么的答案是机器的衬垫磨损，对策则是更换衬垫；第三次问，答案是衬垫质地不佳，对策是更换衬垫规格；第四次问，答案是这些衬垫较便宜，对策则是改变采购政策；第五次问，答案是企业以节约成本作为对采购部门的评估，对策则是改变采购部门的绩效评估体系。

永恒的改善就是不相信有完美，持续地寻找更好的方法，这是日本企业管理的常见思维。除了常见的消除浪费型改善，在丰田还有所谓“课题型改善”，也就是把不可能变成可能的重大改善，比如1965年丰田把生产线的切换从3小时缩短到3分钟，实现所谓“单分换模”。单分换模是丰田实现按订单即时生产、超越美国汽车厂商的基础。在课题型改善时，它不是“削减一成”，而是通过“取消一个零”来发现浪费。

以上三个丰田思维，本质都是一致的，都是对抗人类追求安逸的本性，把工作者“逼迫”到不自在、不安的境况，激发出有创意的解决方案。

极端思维：长期改善与不可能完成的使命

试图从日本企业中寻找创意借鉴时，我们会发现它擅长的是持续改善、通过各类方法使问题显现、建立诸如无间断流程等，缺少人们想起创新时经常期待的新奇感。

但我们也应该特别关注下日本企业中的“不可能完成的使命”这类任务，在产品层面比如索尼音乐随身听、丰田普锐斯混合动力汽车，在运营层面比如丰田在3分钟内实现生产线转换的“单分换模”，在工作体系层面比如佳能电子创造的单人完成一项产品生产的“细胞式生产方式”。

这些背后的极端思维是我们向日本企业学创意管理不能忽视的，它的特点是：有一个极端的目标，经历较长时间的持续改善过程，最终得到的是影响深远的突破性创新（虽然通常不那么酷）。

在生产管理中，丰田有“像乌龟，不要像野兔”这样的说法，即像龟兔赛跑中乌龟那样缓慢但坚定地前进，而不是像兔子那样忽而全速前进，忽而停下来打盹。日本企业在这类看似不可完成的目标上的方式，其实就像一只乌龟，脚步缓慢，但目标极具野心。这是日本战略思维中比较成功与有效的特点。

这样获取突破性创新的创意方法，看似简单易理解，也易学，但能真正学会的却非常少，大概只有个人天性本来就有类似耐性的人才能做到。

工作标准化：创意体系的基石

丰田生产方式的核心是消除流程中的浪费，思路是流程标准化、持续改善与回到根本解决问题。涉及创意时，标准化经常被轻视甚至被批评，但稍加改造却可能成为创意管理的基础。

在工业生产中，工作标准化是普遍的做法；在创意工作中，它的价值却被严重低估了。丰田方式给我们的经验是，工作标准化可以持续改善，更可以让我们把精力集中于最需要创意的地方。

丰田的标准化是每个岗位的“标准化工作说明表”，不但将生产一线的操作人员工作标准化了，所有白领员工的工作也被标准化了，甚至连新产品开发也标准化了。在开发时，工程师们使用检查清单手册进行工作。

初看这是违反直觉的，很多知识型工作者对工作标准化的第一反应大概都是：我们是有创意的、思考型的人，我们所做的每项工作都是独特的。这可能是标准化始祖泰勒的科学管理给人们造成的负面印象，亨利·福特在大规模生产之初僵化的标准化更加重了这一点。但是，对丰田来说，标准化是促成未来改善的必要基础。

在丰田，出现问题询问的第一个问题是“有没有按照标准化执行”。这个提问可以解决大部分情况的问题，它给真正有创意的分析留出了时间与空间。有标准时，我们要做的是对照标准进行检查、改善，以形成新的标准，运用创意解决问题；没有标准时，我们可能要重新发明轮子。

丰田生产方式其实比许多创意型组织更尊重员工，尤其是尊重员工的智慧。精益生产专家杰弗瑞·莱克认为，标准化是持续改进、创新及员工成长的重要基础，“当你发现所有人都将你的改进构想作为工作标准时，将带给你无比的活力与成就感”。

亲临现场：规避对体系的幻想

丰田北美地区前总裁箕浦照幸曾直接师从现场管理大师大野耐一，他在丰田最早受到的教育是——站在圆圈里。大野耐一让他在工厂的地板上画一个圈，对他说：“站在那个圆圈里，观察操作流程并自行思考。”站多长时间呢？ 8个小时。

这个圆圈就是著名的“大野圆圈”（Ohno circle），站在“圈”中不带任何成见地观察，是丰田重要的解决问题的方法之一。

对于细致深入的观察本身，文学界有类似的故事，福楼拜教莫泊桑先学习观察，要他能用一句话就让我们知道马车站有一匹与众不同的马。莫泊桑后来自己总结说：“对你所要表现的东西，要长时间注意观察它，以便发现之前没有发现和没有写过的特点。”

长时间聚焦观察，会产生类似放大镜和透视镜的效果，从而更清晰地观察到问题。大野圆圈的做法是长时间观察，而同时擅长头脑和身体对抗的年轻国际象棋大师和太极推手大师乔希·维茨金则提出聚焦以让时间慢下来的方式。他告诉我们把注意力集中在一小块重要信息上，我们会感觉时间变慢，原来不可分的动作变得可详细拆分了。

大野圆圈更重要也更深入的含义是，亲临现场查看以了解实际情况，也就是丰田模式所说的“现地现物”。创意的提出与问题的解决，依靠的是彻底了解实际情况，它是不可能依靠二手资料完成的。在丰田，任何“理所当然”的想法，或只凭借他人的报告，都是被禁止的。

面对创意型的任务，亲临现场更为重要，比如举办重要的展览，我们必须预先去现场看一下周边环境并感受氛围，不能只是依靠图片资料，有太多的信息与感觉只有身临其境才能体会到。

“现地现物”很大程度上是对管理者的要求，这群人很容易不自觉就远离了现场，很舒适地躲在体系背后。高层领导者深潜现场，可以带动所有管理层级工作方式的变化。管理层不再只坐在办公室里发号施令，而是看到现实的情况，激发出较有创意的解决方案。

体系的重构：“搬家式”创意

“你们这是刚搬家吗？”到酒卷久管理下的佳能电子办公室参观的客人会问出这样的问题。这是因为，他们的办公室很整洁，没有多余的文件，像刚搬家一样。酒卷久是日本传奇管理者之一，1999年上任佳能电子社长，5年时间把佳能电子利润提高10倍，把单人生产模式扩展为系统的所谓佳能细胞式生产方式。

酒卷久极端地消除生产场所和办公室多余物的行动，是他取得成功的重要原因。他形象且严厉地把多余物称为“污垢”，“光除掉滞留的‘污垢’，几乎就能让所有的企业扭亏为盈”。

酒卷久“除垢”的秘诀之一是“搬家”。他曾经把位于日本秩夫的佳能总公司办公室的开发部门原封不动地搬到东京芝浦的办公室。正如我们自己的体验一样，搬家时我们会发现很多隐藏在角落里不需要的东西，把它们全部丢掉，我们的新家会非常整洁。

酒卷久让研发部门搬家，不只是去掉物质上的污垢，更是为了消除员工行为上的“坏习惯”和精神上的“厌倦情绪”。对工厂，酒卷久也采用类似的做法，频繁搬家以丢掉那些无用的东西。对办公室空间，酒卷久的要求是把文件和资料全部放进文件柜，禁止个人独占文件和资料；不允许增加文件柜，定期整理收拾、扔掉不需要的资料，让公司始终保持像刚搬家一样。

酒卷久搬家的目标似乎只是效能，其实这一做法对创意的价值更大。日本著名设计师、优衣库艺术指导佐藤可士和曾以超级整理术在中国激起很大的反响，在整理上他做得更加极端：他偌大的会议室只有长长的会议桌和20把椅子，他完成每个项目后整个工作室团队成员要强制清空电脑和文件资料。佐藤可士和擅长的是不可见的思考整理的部分，也就是强制把思绪集中，穷究问题的本质。

整理的本质是舍弃，要舍弃我们就被强制去设定优先秩序，追究根本的目的，这是搬家或整理的价值所在。佐藤可士和把整理和解决问题联系起来解释：解决问题就像是“找出应有面貌”，整理术是让视野变得清晰，是找出事物“应有面貌”的一种方法。

到这里，我们从个体的创意挣扎开始，讨论最终的产品也就是产品化思路，讨论如何让组织和创意人相容，讨论如何构建创意体系，完成了对创意管理的四个要素的分析。接下来的两部分分别是：创意管理方法论，描述一组创意管理工具；创意的思维方式，从思考的层面探讨创意管理。

第二部分

创意管理方法论：掌握创意的工具

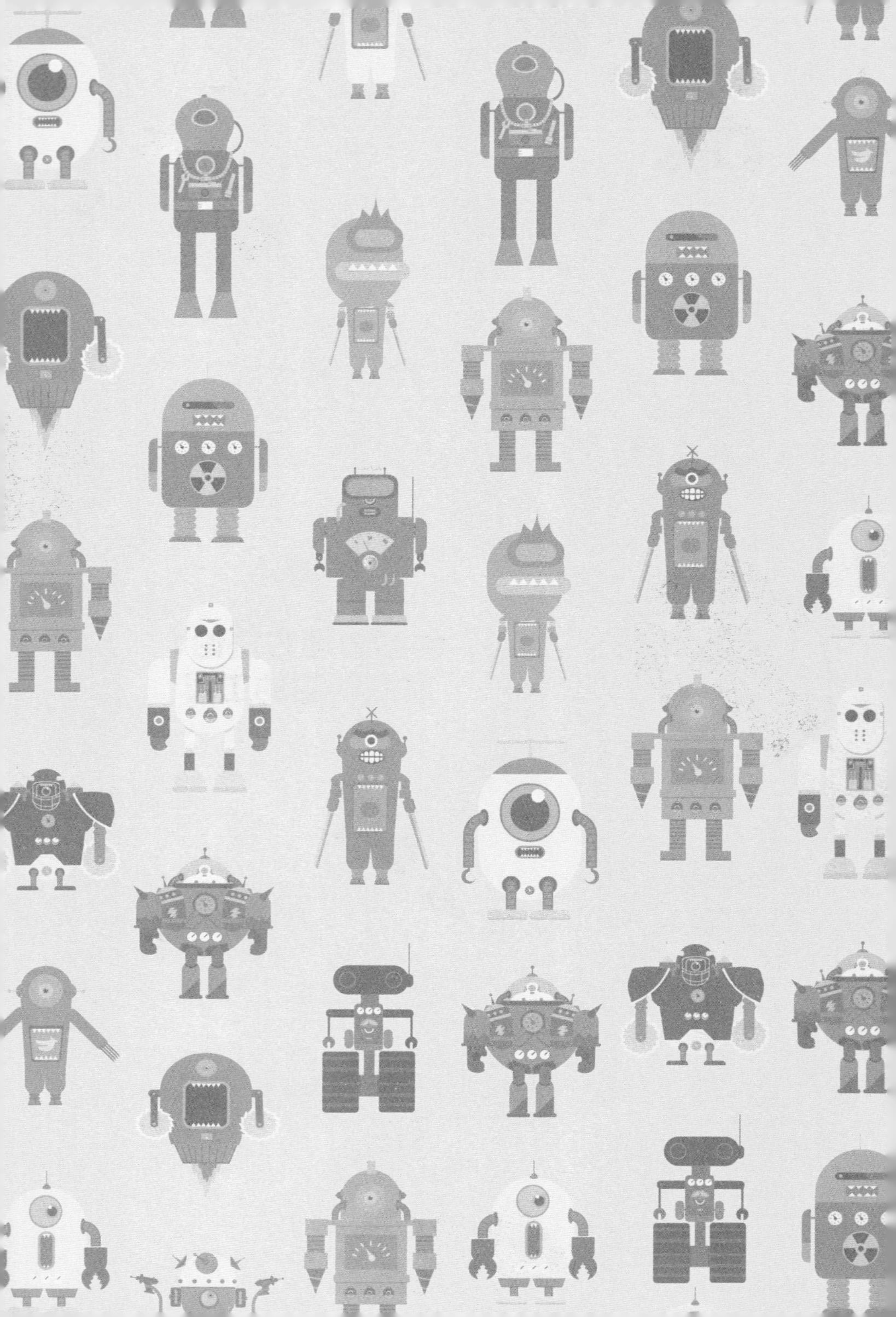

[第五章]

找到正确的问题

关注点是创造的一个非常重要的部分，比大部分具有创造性的人想象的还要重要。

——德·波诺

类比是心灵的望远镜，通过它，你能看到创意。

—— 迈克尔·米哈尔科

创意就是用新方式解决问题，取得显著的效果。在看到好的创意后，我们常叹息："这么简单，为什么我没想到？"这反映了世界创造力权威德·波诺所指出的创意原理，任何优秀的创意从事后看都应是符合逻辑的，但我们在未看到它之前却通常无法以逻辑推导出来。

创意的这种特性使得很多人认为，找到创意解决方法要靠头脑风暴和直觉，我更喜欢德·波诺所用的比喻——“头脑航行”，即不是任由风暴带着我们左冲右突，而是运用一组“创意工具”主动航行。

作为创意工作者，我们应在各种创意方法中进行筛选、借鉴，采购或自制来组成我们自己的创意工具箱。在这一章，我们将先探讨用来处理“创意问题”的系列工具，下一章，我们则关注处理“创意结果”和“创意落实”的系列工具。

创意工具之一：问正确的问题

我们的创意工具箱中，最重要也是最基本的一个工具是“问正确的问题”。

在展开创意思考之前，我们要把问题简单、清晰、明了地描述出来，问对问题等于解决了一半的问题。

我们有时也把“问正确的问题”称为“德鲁克问题”，彼得·德鲁克是问正确问题的大师。

在企业求助于德鲁克咨询时，他总会推开咨询者提的一大堆问题，问出他著名的企业问题——“我们的业务是什么？”

对这个问题的思考与回答，直接影响着企业的根本创新：耐克的业务不是鞋和衣服，而是运动精神，因而它创意的核心是强化运动精神；7-Eleven的业务不是商品零售，而是“便利”，有些店的速食销售收入甚至占到50%的销售额；星巴克的业务并不是咖啡，而是体验，是家和办公室之外的第三空间。

重述问题，即是在解决问题。人类在经历很长时间的努力后才飞上天，只有当问题从“如何像鸟儿一样扇动翅膀保持不掉下去”，被重述成“如何把前进速度转换为升力”之后，机翼不动、能长距离飞行的动力飞机才成为可能。

在投入创意努力之前，我们不妨先以多种方式复述问题，直到问到重点。

我们可以倒着追问，去问简单、浅显甚至显得愚蠢的问题。

花力量寻找正确的问题，比在错误的问题上耗费时间有价值得多。

有时，我们还要对所要解决的问题进行判断，看它是否值得解决，它是否能被解决。但需要提示的是，我们的初衷是创意地解决问题，问正确的问题要做的是扩大解决问题的视野。我们要避免在这个阶段就断言问题无法解决、让负面看法压制创意的火花。

创意工具之二：审视关注点

在德·波诺的创意工具箱中，审视关注点是十分重要的工具。

“关注点”是我们真正投入所有的创意努力的地方。我们是着力在挤满人、被反复挖掘过的地方，还是在空白领域中投入创意力量？这就是对关注点的审视，它对创意结果有重大影响。

关注点是什么，这是我们要回答的问题。关注点大体上可以分为两类：一是一般区域类型，比如智能手机应用的创意。这是比较宽广的区域，还可继续聚焦，比如开发iPhone手机上的应用，比如开发iPhone的休闲游戏应用等。二是目的明确的关注点，比如怎样让手机上的通讯录能轻松备份。相比而言，前者是开放的问题，后者则相对封闭和明确。猎豹CEO傅盛在讨论创业时就提出这样的观点：要降低创业难度，要把一个开放式问题转变为封闭式问题；CEO最核心的问题，是把创业情怀变成具体问题，树立一个简单可行的目标。

“关注点的变换”是审视它时需要考虑的另一个问题。首先，在确定一个关注点后，要对它进一步分解。比如任务是改进手机，我们可以把它分解：硬件部分有电池、能源管理、信号处理、话筒、音响、整体外形、键盘、显示屏、整机重量等，软件部分有通讯录、短信、游戏、上网、软件平台等。分解之后，可对其中一个或几个元素进行重点创意。

其次，变换还可能是持续地校正关注点，这和重述问题以“问正确的问题”有相似之处。比如最初的问题可能是“促进电子商务的销售增长”，假设广告投放金额不变，问题可变化为“改善广告效果”或“提高广告的转化率”。再假设广告投放网站和购物流程都很好，可进一步校正关注点为“调整广告创意”，也可转换方向不再关注广告，而是“如何重新挑选网络畅销商品”。

关注点的变换让之后的创意过程可以聚焦、更加有效，有时候创意甚至可能在变换过程中涌现。

养成时刻寻找创意关注点的习惯，在头脑中设想如何做，这也是一种非常有效的创意训练。德·波诺认为：“熟练的关注加上一点创造性技巧，可能比拙劣的关注加上丰富的创造性技巧更好。”

不少人擅长创造性地解决别人给出的难题，而很少主动寻找创意领域。有创意的人通常主动发现身边可创意之处，看到一事一物总在想如何改进、怎么换种新方式做。

创意工具之三：用类比让创意雪崩

类比就是把两个事物的类似特点进行比较，是我们创意工具箱中最常用的工具之一。

创意思维专家迈克尔·米哈尔科在《思考的玩具》中说：“类比是心灵的望远镜，通过它，你能看到创意。”以互联网为例，亚马逊的Kindle是书的电子化延展，苹果的iPad曾是杂志的延展，脸谱网这样的社交网络是人与人之间关系的延展。

类比并不只是把两个事物简单对比。在创意中应用类比，是为了透过新视角加深对要解决问题的理解、提出数量更多的有用创意。它值得我们仔细了解和反复练习。

运用类比进行创意，是把自己要解决的问题和一个事物的各个部分进行详细的对比。

比如任务是“如何让自己变得更有创意”，假设我们选择铅笔来类比，铅笔由多种元素组成，我们可以这样联想：橡皮，用它来擦除错误；铅，写出的字和硬度有关，铅是创意发挥功效的本质，铅不一定非是黑色的；笔杆，没有笔杆，铅笔就没法用；颜色，外在形态极大影响我们的心情；铅笔芯是可以换的，就变成了自动铅笔。

甚至还可以继续往外围扩展：纸，它是碎纸片、白纸、格线纸，还是标准表格？在不同的纸上我们的创意会大不相同。与敲电脑键盘比，拿笔在纸上“沙沙”地写字的声音，让我们能更好地与自己的动作关联起来。在这样的类比过程中，我们可能产生许多想法。

我们可以拿铅笔类比，可以拿手机、雨天、足球、世界杯、灰太狼、苹果公司、小米手机类比，可以拿任何事物来类比。

运用类比创意的一个特点是能从各式各样看似毫无关联的事物中找到创意。为了提升创意，我们可要求自己每天有意识地拿事物进行类比，这并不需要太多时间，可能一个类比5分钟就足够了，这是一种有效的创意思维训练。

运用类比创意的另一特点是，我们需要深入全面地了解所对比的事物，真正理解它的原理和结构，把它拆分成很多模块，分析各模块的特点，与所要解决的问题联系。因而在选择对比物时，建议尽量选熟悉、简单、直观的事物，我们又在理解与拆分过程中把熟悉的事物“陌生化”，获得新奇的想法。

类比很简单，但如果娴熟掌握，可能产生米哈尔科所说的“创意雪崩”的效果，使创意滚滚而来。

创意工具之四：联结，创意连连看

创意的不少定义都把我们引向“联结”这个创意工具箱中的

重要工具，比如有人说创意就是把两个不相干的事物组合在一起，有人说创意经常是旧元素的组合，也有人说创意就是将看似无关的事物进行联结。

现实生活中有很多创意是联结的产物：手表是时钟和表带的组合；随身听是音响和可移动硬盘的组合；智能手机是手机和电脑的组合；当下有些畅销书是图书与诸如牙膏这样日化品营销的组合；曾经很热门的维诺城电子优惠卡是打折券与会员卡的组合。

联结，就是把两个或更多事物组合起来，产生全新的事物。如果用灯泡这个常用的创意意象做比拟，这些事物就是灯泡，通常我们已经有了第一个灯泡，它是我们要解决的问题、要改进的事物或常见的事物；而用来联结的第二个灯泡则是创意的催化剂。也可以这么说，第一个灯泡是核心功能，第二个灯泡是特色，比如对随身听来说，音响是功能，移动是特色。

联结和之前提到的创意工具“类比”都是把两个事物联系起来，但又有不同。类比的目的是通过类比物的详细对比分析，以新的眼光看所要解决的问题，用来类比的可以是身边任何平常的事物。

联结则是把两个事物组合起来以产生创意的化学效应。运用联结这个创意工具，关键是如何找到第二个灯泡。第二个灯泡越特别，最终的创意结果就越特别。

澳大利亚人韦恩·罗特林顿被称为“开关博士”，他的方法帮无数创意人启动了两个事物之间的联结，就像打开了联结的开关。韦恩曾经写了一本创意方法的书《打开创意的脑》（*How Creative*

People Connect），书名直译就是“创意人如何联结”。

对商业人士来说，韦恩的联结方法中的产业圆圈特别有价值。产业圆圈就是把另一个产业或公司的做法看成第二个灯泡，和要解决的问题这第一个灯泡联结以激发创意。

假设我们的问题是——如何让媒体的内容广为人知。传媒人的思路是，把内容做得更好，好内容会自动传播；广告营销人的思路则会是大量的广告曝光。凤凰卫视不断轮播自身节目的推广广告、内容预告，是它能有很多知名栏目的重要原因。

韦恩另一个值得关注的联结方法是专家眼光——对要解决的问题，其他领域的专家怎么看。专家的范畴可以放得很广，他可以是平常所说的专家，也可以是比尔·盖茨、乔布斯、时尚大帝拉格菲尔德，甚至也可以是史努比。

专家眼光是对联结的一种有趣的衍生，它显示，除了实在的事物，观点也可以作为联结的另一方。

创意资料：

个体创意的诞生①

关于创意的诞生过程或个人创意思考技巧，简单而深具启发性的可能是著名广告创意人詹姆斯·韦伯·扬在一本只

① 资料来源：詹姆斯·韦伯·扬.创意[M].祝士伟，译.北京：中国海关出版社，2004.

有5000字的小册子里所讲述的模式，书名直译为“生产创意的技术”。韦伯·扬的思考技巧有两个前提:（1）创意的生产过程，它和福特轿车的生产过程类似，可在一条流水线上进行;（2）创意其实是以前要素的新组合，善于思考的人、善于发现事物之间联系的人、善于接触了解各类有趣事物的人，才能有好的创意。

韦伯·扬的创意流水线为我们概括了创意产生的整个过程。

阶段一:积聚原材料，既包括解决当前问题所需的材料，也包括让你的综合知识不断丰富的材料。

阶段二:在你的头脑中研究这些材料，这是头脑的消化过程。

阶段三:孵化阶段。在这个阶段，你让意识思维之外的东西去做综合体的工作。曾有位女士问牛顿如何获得万有引力这个伟大发现，他回答说:“靠的是一刻不停地琢磨它。”

阶段四:创意的实际产生，即“找到了！我终于找到了！”——Eureka阶段。

阶段五:为了能够更好地应用到实际中去，对创意进行最后的补充和雕琢。

就个体而言，创意的确是收集各式各样的素材，形成个人独特、丰富的“仓库”，然后在针对具体问题时迸发出来。但硬币的另一面，创意又是与自己斗争。赖声川认为创意的能量、源泉在内心深处，要向内寻。要有创意，两者都需要。心理学家荣格说：“向外看的人在做梦，向内看的人可以觉醒。”

创意工具之五：让熟悉的事物陌生化

我们的日常行为趋势是从陌生到熟悉，创意则是把它颠倒过来，有意识地把熟悉的事物陌生化，以“新眼”看世界。

“熟悉的事物陌生化”这个说法源自迈克尔·米哈尔科的《思考的玩具》一书。让熟悉的事物陌生化这一创意工具和创意的本质特征很相似：在事后看，真正优秀的创意简单明了、符合逻辑。它们都是一次看到了，就永远能看到。

陌生化之所以很重要，是因为要解决的问题经常发生在熟悉的领域，正因为我们熟悉才被赋予这个创意职责，然而熟悉又常是障碍，解决之道往往隐藏在背后的陌生之中。

专家有时候是熟悉的“受害者”，他们拥有足够的专业知识，但这些专业知识让人只看到熟悉的东西，限制了创意。卡内基·梅隆大学教授金出武雄写了一本谈科研成功之道的书，同样适用于创意，书名就是他的核心观点：“像外行一样思考，像专家一样实践”。

像外行一样思考，就是把熟悉的事物陌生化，抛开一切先入之见，以开放心态去观察。能看到新奇，我们才能创造新奇，能做到经历多次却如同第一次经历，这是创意不可或缺的天赋。

“大炮下的士兵”是个经典的管理故事，它是熟悉的事物陌生化，从而引发创意解决方案的绝佳案例：一个新炮兵军官发现，在操练中始终有个士兵站在大炮的炮筒下，什么也不做。他询问原因，回答是，这是操练条例的规定。这位军官调查后发现，炮筒下的士兵是马拉大炮时代的产物，任务是拉住马的缰绳，防止大炮发射后马乱动产生偏差，现在机械化大炮早已没有马了，但这个拉缰绳的士兵却还站在那儿。

陌生化也是从陌生的路径思考，比如，工厂对水的污染是当下中国严重的问题，德·波诺曾在《严肃的创造力》中提出这样的创意：把工厂建在自己的下游。

工厂当然不可能建在自己的下游，但如果要求所有工厂必须把取水口设在排污口之后，工厂就有足够的激励不污染自己的水质，而监管者要做的只剩下确保工厂的取水口是这样建的。

企业里经常有类似的问题，因有些部门不配合而造成业务流程障碍，那么也可以让它处于自己的下游。

陌生化有不少可立即使用的方法：细致深入的观察，多问为什么，问还有没有其他的解决方案，倾听外行的意见，观察孩子的反应，有意远离后进行观察……

总的来说，让熟悉的事物陌生化的核心技巧就是要有意识地寻找熟悉事物中新鲜的一面。

日本设计师原研哉也有类似的说法——“已知的未知化”：设计里很重要的一点是对各种东西的唤醒。比如这个灯为什么会是这样的，杯子为什么是这个形状。这就像是一个醒来的过程。在

《设计中的设计》一书中，谈及重新设计时，其中用的说法是“将已知的事物陌生化”“日常生活的陌生化”。

创意工具之六：突破限制

突破限制的工具是创意工具箱中必备的工具之一。由于限制种类繁多，为了能应付各种环境，突破限制的工具经常像多功能瑞士军刀一样。其中最重要的、用得最多的是锋利的刀，用它来对付的则是“不可能”——这个对创意危害最大的限制。

新手的幸运很多时候就是源于他意识不到限制，不知道“不可能”，也可以说，他们其实是“故意”忽视了限制。

特斯拉汽车创始人埃隆·马斯克在过去几年证明了自己，他曾是最被低估的创业家之一，也是网络支付系统PayPal的创办人，他在第一次成功之后以新手的姿态进入航天和汽车领域，突破限制，创造未来。

对很多人来说，航天、汽车都有很多以“不可能”为核心词的障碍，但马斯克的故事证明，这些不可能只能挡住没有创意的人。

最常见的不可能有三类：

- “根据分析，这行不通”，以分析为基础。
- “以前试过，这行不通”，以经验为基础。
- “以直觉看，这行不通”，以个人判断为基础。

第三种很常见，通常没有理由就设下障碍了。我们的应对方法可以是，没有理由地认为就是可能，除非能证明不可能。对分析和经验则要略加研究，看看掌握的资源、知识是否发生了变化，外部的环境是否发生了变化，又或者过去被经验证明不可行的事并非原理不行，而是操作出了问题。

突破不可能的极限，在于变换最大的前提假设，从“诸事不可能”变成“万事皆有可能”，这可以称为创意的“思维解放”。这不是用假象来蒙蔽自己或进行虚假的精神激励，而是用思维解放避免优秀创意想法在这个阶段被“不可能”击中而胎死腹中。

每一次我们看到市场上令人惊奇的事物，我们都应该仔细看看，它曾经是不是某个“不可能”。

创意工具之七：带着问题，获取新信息刺激

创意工具箱中的各类工具，有的是帮我们更好地界定问题，有的是通过类比或联结获得新观点，有的是通过陌生化或极端化的方式重新认识问题，还有一对工具，它们的功能是提供更广泛的新鲜信息刺激，提高创造性解决问题的可能性。

一个是针对当前问题的，集中、快速地获取新鲜信息以刺激新想法，即创意工具之七——“带着问题，获取新信息刺激”；另一个是相对长线的，是对每个人自身创意力的持续信息积累与刺激，即创意工具之八——“把珍珠串成线”。

针对当前问题有目的地获取新鲜信息刺激是创意解决问题的

必要一环，它可以扩展解决方案的视野。

每个人都有自己获取信息的方式，只要能短时间内获得大量信息刺激即可。比如若要了解城市消费者，我们可以坐在繁华的街边，可能一天就可以观察上万人，获得洞察；也可以到商场里，快速观察成百个店铺，观察店面、货品和服务。唯一要提示的就是必须带着问题进行。

带着问题，获得新信息刺激，是从较泛的视角观察问题。

翻阅杂志是值得强调的获取信息刺激的方式之一。杂志的特点包括信息的琳琅满目、新颖（也就是与当下相关）、充满了视觉与设计的刺激。由于出版周期相对较长，杂志是精心编辑的信息产品，信息量也比较适中，不会像报纸那样过度。

正因为有这些特点，杂志是创意工作者的宝库，在需要时我们可以去有较多杂志种类的书店购得当下的几十本杂志，最好包括小众独立的杂志和国外杂志，然后带着问题快速翻阅。在互联网上进行有针对性的搜寻和翻阅杂志有相似之处。

如果团队多人一起翻阅，用不同的视角看信息，然后交换看法，也是进一步增加信息维度、加大信息刺激的有效方式。

杂志翻阅依赖的是杂志编辑的信息收集、梳理与呈现能力。有时候，我们也可选择直接接触实际行动者来获得信息刺激，跳过信息梳理者这一环节。比如我们要设计手机上的移动互联网应用，可以找十几个有特点的手机玩家，听他们讲述自己的故事。

它看起来和营销调研中常用的“焦点小组”方法有相似之处，但其实有很大不同，这里的要点是让每个人讲出自己的独特故事。

直接与行动者打交道，获得的信息是一手的且容量很大，需要较强的信息解读能力。

当然，如果有合适的人脉资源，通过电话或其他通信方式向几十个实际行动者请教，也能达到目的。

创意工具之八：把珍珠串成线

乔布斯曾经说，人生就是“把珍珠串成线”，也有翻译成“串起生命中的点点滴滴”（connecting the dots）。这个说法已经变成经典，它对创意来说也非常有启示意义。

在创意解决问题时，我们一方面可以向外寻，带着问题即时获取新信息；另一方面可以向内寻，从个人积累的信息宝库中提取信息与资源，以激发出好的创意。

向内寻时，乔布斯所说的串起生命中的点点滴滴给我们提示了一种重要的创意工具：我们收集与记录，我们梳理与反思，我们将创意积累凝聚在某个事物上呈现。整个过程就是把珍珠串成线，它是一个贯穿生活的长期过程。

收集与记录是发现珍珠的过程。很多创意人都有自己的信息和想法收集方式：随时记录想法的笔记本，以日志的方式连续记录，或以绘画的方式记录；随时带着相机拍下有趣的东西；阅读的摘录与笔记；网络上的社会化书签、收藏等。当然，这些都只是辅助工具而已，最重要的还是思考创意的愿望与善于观察发现的眼睛。

梳理与反思是初步把珍珠挑拣分类、尝试串起来的各种组合的过程。收集信息与想法，是因为，如果任由它们散落各处，等需要时，我们无法有效使用。梳理反思，把各类想法预先组合，甚至把一些梳理成将来需要时可以直接用的几粒珍珠组合，是让想法放光的必要过程。它使将来使用这些想法更加容易，也避免出现很多想法到时突然找不到的情形。把零散的想法梳理成体系，让我们加深认识，对曾经经历的事与物有新的洞察。

把创意积累凝聚在某个事物上呈现，就是用所要解决的问题当“线”串起珍珠，变成精美的项链。

总结起来，这8个工具的着力点都是“问题”本身——界定问题与获取信息。

在进入下一章察看创意工具箱中处理结果和创意落实的工具之前，我们再看看和信息相关的两个特别工具。如何处理和信息的关系在创意中处于很关键的位置。

创意工具之信息特别篇：穿越信息的迷雾

创意工作者在某种程度上就是信息工作者，发动自身所有的感官接受信息、筛选信息、根据信息决策并传递出信息。

信息越来越多，过多的信息对我们的创意既有益，又是障碍。我们绝不想陷入诸如“信息占据大脑、削弱创造力”这样的争论，因为那是和趋势做无谓的争斗。

信息只是输入，创意工作者是为创意成果而生的。矛盾就是如何有效地“处理信息”，最终得到自己或团队的创意成果。

在很多年前了解到戴维·申克的“信息迷雾”（data smog）这个概念之后，我大多数时候喜欢把我们的信息处境比作迷雾。

其实穿越信息迷雾本身就是我们要持续面对的创意任务。对创意而言，信息有三个方面需要仔细辨识，分别是多样化、快速和深度。

多样化的信息是优秀创意的基本保障，新鲜信息能够刺激创意，信息的跨界交错会带来意外的方案。创意工作者都需要扩张视野，吸取尽可能多样，实际上也就是尽可能多的信息。这里的挑战是如何筛选：如何辨别信息准确与真伪，如何从海量信息中觅得相关信息，如何组织所获取的多样化信息。

快速的信息，无论是快速地了解最新资讯，还是领域内或组织内快速的信息交流，都事关创意质量。以内部信息传递而言，有一种说法是，办公室的大平台开放分布和围坐带来的团队内信息快速交流是20世纪中叶日本企业崛起的主要原因，后来它的衰落、美国企业再次崛起是因为电脑和网络进一步加快了信息沟通速度，并且极大地扩大了信息交流的广度，不必只限于同一办公室的人群。在信息多样化和信息快速程度上，互联网都带来根本性的变化，互联网使得很多原本孤岛般的信息被联通。

信息的深度是穿越信息迷雾比较大的挑战，接受更多样化的信息、接受快速的信息，我们在一定程度上是被动的，而要获取深度的信息或完整的信息链，需要完全主动。赖声川把大脑看成一台“创意的神秘计算机”，“这台计算机平时自动搜集并且储存这些档案”。为了能从信息中获益，我们需要操作这台神秘的计算机，有意识地在某些领域获取深度信息，并持续地对信息进行梳理、整理、反思，提升它的完整性。

在信息深度上，没有什么有力的工具可以利用，我们唯一的工具就是自己的大脑，它需要持续的训练、有意识地运用。

穿越信息迷雾，终极依赖的就是用大脑这个工具来增加信息的深度，绘制出“地图”，为决策和最终创意产出做好准备。

创意工具之信息特别篇：为创意做信息斋戒

创意工作者处理信息的一个重要手段是“信息斋戒”，在收集到适当的信息之后，屏蔽外界信息，聚焦于要解决的问题，真正形成一项创意成果。它包括三项核心元素，缺一不可：屏蔽信息、聚焦问题、形成成果。

信息越多、信息手段越发达，对信息的渴求越大，在创意时我们越需要屏蔽信息。在软件业，有两项类似信息斋戒的做法广为人知：一是很多软件开发公司过去常采用的所谓“封闭开发”，把开发者关在郊外（远离日常环境），隔绝各类干扰（关掉电视、拔掉电话），进行几个月的密集开发。二是比尔·盖茨曾经每年两次所谓的“闭关思考周”。在“思考周”，他会隔绝外界干扰、思考重大技术与战略问题。

“封闭开发”的做法盛行的时期，互联网尚未广泛发展，手机更未普及。由于开发的“软件”是在线的，互联网上也有更多技术资料，以及开发方式的变化（从过去在发布日提供完整产品到现在可以渐进地通过互联网把产品提供给用户），现在封闭开发被提及的频次已经大为降低。

信息环境巨变，我们可能更需要各种类似信息斋戒的做法。高速互联网带来更多的信息，新的信息工具如脸谱网、推特、微博、微信等更具诱惑力，手机和移动互联网更是让我们和外界紧密相连，在特定时期其负面影响可能大于其价值。

创意成果作品最终会以某种介质呈现出来，但核心的东西是在人的大脑中酝酿、重组并塑造的。信息斋戒就是要屏蔽干扰，从而让我们的大脑不必对各种信息做出“接受–反应”的处理，而是完全集中到要处理的问题上，进行深入和完整的思考。

各类信息工具的作用是把我们联结到更大的知识与信息网络里面，这可以扩大创意的可能性，但做核心创意时，我们却仍然只能依靠自己的大脑或小团队的智慧，因而与外界信息的完全截断成为一种重要手段。

每个人都曾希望桌上都有一台计算机，但每张办公桌上都有联网的计算机，有的时候却是创意工作的大敌，它会让人不停地获取信息，停止深入思考。

讨论式的会议也可算是一种信息斋戒，过去它的障碍是心不在焉的参会者，现在带到会议室的计算机、随身的手机则削弱了屏蔽效果。当想要评估一些东西对创意的帮助时，投影出来的计算机屏幕可能远不如白板和笔，这是信息工具的负效应。

远离日常环境、时间长短都不是“信息斋戒”的必要元素。关上门花1小时屏蔽信息，集中精神处理一个问题是信息斋戒，凝神10分钟在纸上画一张概念图也是信息斋戒。

有的人屏蔽信息的能力超级强，能够对不相干信息熟视无睹，时刻沉浸于自己的思考中，这类“怪人”可能就不怎么需要使用信息斋戒，但对多数人来说，在特定时间内屏蔽信息、聚焦思考十分重要。

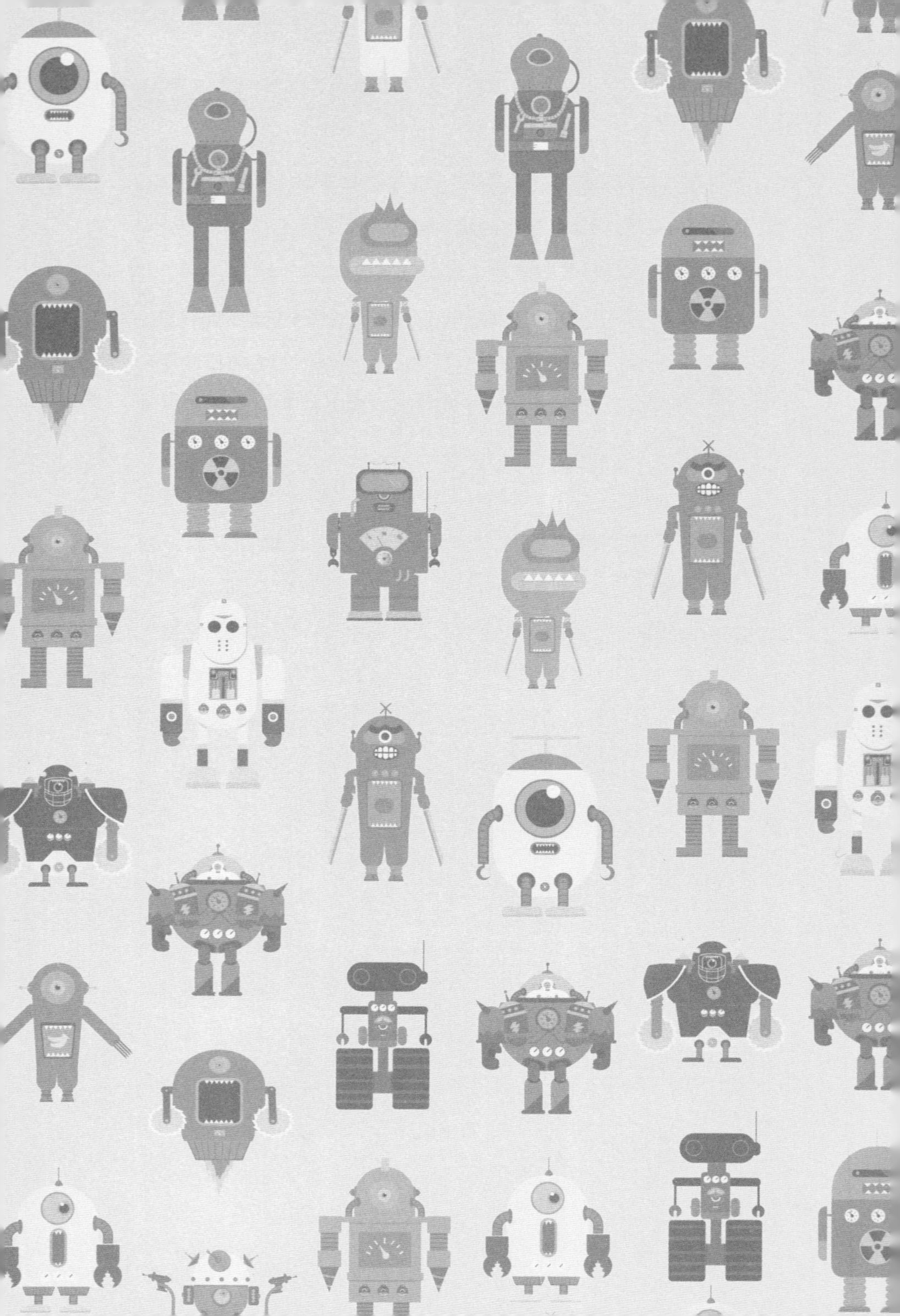

[第六章]

落实创意

结构的完好无损也许是事物的正常规律，而当诸事圆满、进展有序时，它会变得无足轻重。我们只是在结构失效之后才去注意，才去反思它的是非曲直以及它的重要性。

——佚名

诚实地面对真相不是指追求一项绝对的真理或追究万有之本源，而是根除看清真实状况的障碍，并不断地对自己心中的隐含假设加以挑战。

——彼得·圣吉

在本章中，我们将继续充实“创意工具箱”，包括创意的结果处理和创意的落实两大类。

我们已详解了个人创意工具箱中包括问正确的问题、审视关注点、类比、联结等一组主要用于分析问题的工具。处理创意结果的工具可能用得不太频繁，它们却是威力巨大且非常重要的创意工具。

创意工具之九：回顾

回顾是处理创意结果的首要工具。创意多是面向未来的。有意思的是，为了更好地创意，我们却要往回看。

回顾主要是把过去和现在的碎片连起来，从而某种程度上预示未来，这是有时称它为长线思考的原因。

回顾的要点是要显式地、有意识地使用它。有时候我们会说“记得回头看”。

我们通常会遇到很多要回顾的机会：项目阶段性的总结回顾，周、月、季、年的定期回顾，事情陷入困顿时的反思，短暂远离时的思考，甚至与人交谈时不自觉的描述与回顾。每一次都是我们把碎片连起来的过程，每一次也都是理顺创意逻辑的过程。

这和创意的本质有关，从问题往结果看创意，往往毫无逻辑与线索；从结果往问题看，创意往往是符合逻辑、顺理成章的。

回顾，最好以文字的方式进行。把回顾落实到文字会自然地加大反思的深度，也更容易把逻辑呈现出来。创意工作的过程，有很大程度上是念头自发生长，或靠直觉行动的。用文字方式回顾，就是让我们严肃地自问：

- 这样选择、那样行动，为什么行？为什么不行？
- 横跨几个阶段之后看，它的优点和缺点分别是什么？
- 之前的选择与行动被放在一起时，是否出现新的逻辑？
- 如果复盘，会如何选择与行动？
- 哪些曾经认为的限制条件其实可以完全忽略？

在回顾中，我们自然也会评价成败得失，但这不是根本目的，尤其不是阶段性回顾的根本目的，重要的是通过回顾获得全面视角、客观视角、长线视角。

- 全面，指尽可能把相关因素都摆出来，寻找逻辑。
- 客观，指脱离当时的情境进行判断。
- 长线，指把散落的创意成果串成一条线，串成更大创意或指引未来创意。

比落实到文字更进一步的回顾是在可行的情形下，依照回顾获得的想法，优化调整后，从头开始重走一次创意过程，以完美的方式重来一遍，把创意过程中的遗憾消除掉。这种推倒重来的回顾能用的机会并不多，比如有时无法推倒重来，有时最初的自发创意可能超过有意识的行为，完全真实的复盘成本过高。但只要有机会，都值得抓住。

总之，用回顾对创意成果进行处理能对创意的最终成果有极大的提升。

创意工具之十：系统思考，见树木又见森林

系统思考，因彼得·圣吉的“第五项修炼”、“学习型组织”而广为企业界所知晓，它的本质是关照整体，见树木又见森林。关照整体这一观念深嵌在中国人思维方式的深处，老子《道德经》所谈的都是整体。系统思考是主要的创意工具，因为从整体的角度更能彻底解决问题，更能找到结构性冲突，更能找到“高杠杆解”。

彼得·圣吉对系统思考的简化介绍能让我们快速入门。他认为，我们的很多方法只能处理“细节复杂性”（detail complexity），无法处理“动态复杂性”（dynamic complexity）。动态复杂性的特点是“因果关系微妙，而且对其干预的结果，在一段时间内并不明显”。圣吉认为，系统思考的最终目的，在于帮助我们更清楚地看见复杂事件背后运作的简单结构。

系统思考就是从碎片到整体、从局部到整体、从静态到动态。如彼得·圣吉在《第五项修炼》一书中所说，就是做三个“心灵的转换”：从看部分转为看整体，从把人们看作无助的反应者转为把他们看作改变现实的主动参与者，从对现状只做反应转为创造未来。

系统思考涉及很多学科和领域，比如生物学、自动控制、复杂理论、系统动力学、组织管理、网络、制度设计等，它既是观察大规模复杂系统的基础，也是理解小规模互动的高效视角。

系统思考的核心概念是“回馈”（feedback）或回馈形成的环

路。有幅广为流传的管理漫画，一个人坐在连成圈的多米诺骨牌里，他推倒面前的骨牌，感叹“问题终于解决了”，随着骨牌一个个向前倒下，一段时间后他被骨牌从背后推倒。

系统思考语言有三个基本元件：不断增强的回馈、反复调节的回馈、时间滞延（time delay）。不断增强的回馈是自我强化的，比如银行前的挤兑长队会吸引更多的人，从而导致更大的恐慌。反复调节的回馈则是逐渐平衡，如果我们不持续推不倒翁，它就会慢慢停止摆动。时间滞延是说行动的结果有时间延迟，会渐进地呈现出来，比如驾驶汽车踩油门，加速是需要时间的。

彼得·圣吉认为，系统思考要求我们观察环状因果的互动关系，而不是线段式的因果关系；观察一连串的变化过程，而非片段的、一幕一幕的个别事件。

和大多数创意工具相比，系统思考在完全不同的层面上发挥效应，具有不可替代性，是更深入的创造性之源。

创意工具之十一：面对现实，诚实地面对真相

在处理创意结果时，“诚实地面对真相”是关键的创意工具。

在创意的过程中，我们需要乐观与浪漫主义、开放式思维，到了最终一步时，面对现实的重要性则大大提高。

诚实地面对真相是借用彼得·圣吉的一段话：“诚实地面对真相不是指追求一项绝对的真理或追究万有之本源，而是根除看清真实状况的障碍，并不断对自己心中的隐含假设加以挑战。”

创意就是解决问题，到了最终阶段，我们能做的是进行冷静、严肃的判断：

- 问题已经解决到什么程度？
- 我们主观或客观上的哪些因素形成了障碍？
- 为什么没有制订出完美的方案并加以执行？

这里所说的都是对创意结果的判断。

与个人独自面对相比，在多人组成的团队中、在人数众多的组织中，诚实地面对真相逐渐变得困难。在组织中，反思经常演变成了表彰（或邀功）和质疑（或腹诽）这两种糟糕的情形。

但不管怎样，作为创意工作者，我们都应当真诚地对自己使用这个工具，面对真相。

诚实地面对真相的更深入层面是圣吉所说的认清自己心中的隐含假设并加以挑战。我们心中无时无刻都有着许多隐含假设，比如假设某人最擅长处理庞杂的事务，因而给他的任务都偏向这一类；比如假设人都是聪明的或都是笨的等。这些假设潜移默化地影响着我们的行为。

很多时候，创意其实就是挑战假设，创意的亮点常源自对假设的突破。

假设并不可怕，可怕的是那些未被明示的隐含假设，它们会在背后影响我们的行为。在这个层面使用面对现实这一创意工具，我们要明确列出自己的隐含假设，对比现有创意方案中有哪些突破，考虑可以挑战哪些假设来提升创意。

自2010年下半年开始，平板电脑市场开始变得非常火热，这一切都源于苹果公司的iPad这一革命性创意产品，它打破了众人心中限制平板电脑产生的众多隐含假设。iPad是真正的创意，其他的平板电脑只是模仿，iPad开启了所有的可能性。

苹果当之无愧是最有创意的公司，正是因为它的产品一直在突破隐含假设，从最早的苹果电脑到乔布斯回归后的iPod、iPhone、iPad，均突破了对某一产品品类的隐含假设。

诚实地面对真相，它带给我们的就是“心灵的变换”。

创意工具之十二：理解结构，透视背后的结构

黄仁宇的《万历十五年》和“大历史观”对中国一代人的思维方式影响深远。“在历史上，万历十五年实为平平淡淡的一年”，但它背后有着巨大的体系在运作，从这平淡的一年可以看到未来。黄仁宇又说他的思考方式是“叙事不妨细致，但是结论却要看远不顾近”，因为历史的背后有一些体系或结构在发挥作用。

在创意工具箱中，透视背后的结构也是基本工具。

结构是渗透各个领域的概念，包括科学、艺术、商业和生活的方方面面。比如原子的排列形成不同的物质，这是结构；舞蹈、音乐背后有结构；故事的讲述背后有结构。

之前我们谈系统思考提及“时间滞延”效果，结构发挥作用的方式，除了多是在背后之外，另一个特点就是它发挥作用、对

自身进行调整产生的效果都是滞后的。

极端的情况是，只有在失效时，我们才发现结构在起作用、出了问题。就像明朝的命运与结局，其实在万历十五年就端倪初现。只可惜，当结构失败时，对它进行调整已经来不及了。

透视背后的结构，可以让我们从更根本的层面上解决问题，可能的情况有：

- 离开表面的繁复，看背后简单的结构，我们因而看到规律，从根本上解决障碍点。
- 我们发现结构本身的问题，转而对结构进行调整，系统性地解决问题。
- 因对结构的理解而站在时间的上游解决问题，成功地利用时滞效应，而不是被时滞效应左右。

特别值得一提的是，这里所说的结构是动态的，而不是静态的；不仅是整体架构，也贯穿在整体与局部关系的无穷变数之中；深入了解单一结构和以单一结构形成多重复杂的组合，两者同样重要。

李政道在讨论科学与艺术时所讲的两句话精辟地论述了单一结构与复合结构的关系："最复杂的现象可分解为最简单的构成因素，最简单的构成因素可扩展为最复杂的现象。"

在创意的开始，我们当然要努力寻找结构，寻找结构性的解决方案。但是，正如创意的特性所揭示的，在看到创意结果之前，面前是一堵难以翻越的墙。

这正是为什么透视背后的结构这一工具更适合在有了创意成

果时应用，这时对结构的进一步理解是自然而然的，我们更容易得到新鲜的认知。

创意，是以新方式解决问题，它的一面是头脑，另一面是行动。围绕创意最多、贻害也最大的误解是，构想出来，认为创意就结束了。

实际上，创意只是创意的一小步，将构想变成现实，获得创意成果或作品，变成产品，才可以算是创意的结束。中间的构想、计划、路线图、决策都不是最终的创意成果。

因此，我们每个人的创意工具箱内还需要常备一组创意落实的工具。下面介绍的创意工具之十三至十七，就是一组创意落实的工具。

创意工具之十三：用原型连接设想与现实

制作原型，是同时适用于设想和落实的创意工具。创意过程从界定任务开始，之后或极度简化以发现背后的结构，或发散联想以借鉴与联结产生特别的设想，或深入核心部分对之进行彻底改造，这些都是创意设想的过程。

从创意设想的某个阶段开始，我们就需要不断地运用“制作原型”这一工具，把设想以简单且快速的方式呈现出来，看是否行得通。

简单地说，制作原型就是把头脑中的设想往前推进一步，变成写在或画在纸上的模型，变成用泡沫塑料制作的模型，变成可以模拟运行的程序片段等，这些都是把头脑中的想法变成更接近于最终成果的事物。以电影为例，它的故事梗概是原型，剧本是原型，拍摄的照片是原型，分镜头脚本是原型。

针对不同的具体创意场景，有很多不同的原型工具，但基本思路无非是以简单快速的方式，用手边能用的材料和工具在现实中模拟出创意设想，在一切可能的情况下快速制作原型，让原型来弥补设想和现实之间的空隙。

原型工具常见的应用场景是软件开发或产品设计，比如互联网产品经理通常会用原型软件工具制作一个界面出来，让相关人员能像最终用户那样直观体验。知名产品设计公司IDEO曾有个案例是改造超市的购物车，他们直接找来一辆购物车，对之进行改装。

通过制作原型，我们在现实中验证设想的可行性，对之进行调整，优点有三个方面：

第一，在制作的过程中，由动脑到动手，制作者获得了对设想本身的新视角。

第二，面对直观的原型，我们很容易知道设想对还是不对、好还是不好，也更容易进行调整或修补。

第三，在原型上根据头脑中的设想去尝试，或根据试验结果调整，在这个互动过程中我们更能接近最终的创意成果。

创意过程涉及人与人之间的沟通，直观形象的原型是沟通的利器，因而也可以成为凝结众人智慧的地方。

创意工具之十四：调整与坚持，在飞行中修理飞机

在互联网产品开发中有一个思路值得纳入创意工具箱中作为创意实现的常备工具，就是在初期要聚焦于核心功能，别太费心于一般的性能问题，等到问题来了再解决。

在最开始的时候别费心类似这样的事项：我的系统能不能承载几百万、几千万的用户，能不能承载几十万人同时访问，产品在最初推出时是不是有让所有人需要的功能。如果你的产品发展得好，一些问题如性能不足、用户要求新功能等都会出现，稍后再解决并不晚。

这个创意工具，可以称为“在飞行中修理飞机”。

这是不合常理的做法，我们希望飞机在飞行前是完好的，建造房屋时我们也希望一次完工，不想一直翻修扩建，甚至我们也希望软件是功能完备的，而不是每天都在升级、打补丁。

对于很多其他事来说，这又是最自然的方式。比如，企业不会在创办时就招聘未来10年的全部人员、建立完整的组织架构、建设全部产能，而是在发展过程中持续地调整与扩充。

我们回过头来以互联网产品为例进行探讨。性能和功能赶不上变化，这是所有成功公司都必然遇到的问题。互联网的快速发展让任何人都不可能有足够的预见性，它们的产品都在发展的过程中进行前台的升级、后台的重构。

有时，前面用户的感受可能还没有变化，而后面的系统其实已经被推倒重建。快速是互联网的特点，推出拥有核心功能的产

品，也就是“Beta版”（测试版），让用户试用，根据实际使用情况进行改进，这是一种有效的方法。

运用这个创意工具的关键，是聚焦于核心功能，尽早推出可用的创意成果。不要担心未来的问题，在早期考虑扩展性，但不追求架构的完美，在过程中密集而持续地改造与重建。

以房屋建造为例。我们挖了地基，建了一层房子，之后不断地在上面加建、在周围扩建、对房屋进行装修和绿化，这座房屋可能变成几十层高、几十倍大的高楼。神奇的是，我们甚至可以深挖地基，把房子的结构全换掉，因为两层楼和几十层楼所需要的支撑结构完全不同。

这在物理世界是不可能的，却是许多领域的现实，比如公司组织和互联网产品。创意的实现，很多时候正是这样的。如果我们一开始就想要完美、完善的创意成果，那么获得的创意效果可能要差得多。

从创意实现的过程看，有一个可以运转的、发挥效果的成果，对参与的人会产生极大的激励。在软件开发中，有的团队采用每天构建的方式，也就是说，虽然他们不一定会对外发布产品，但内部每天都有一个可运行的产品。

是否拥有一个可运转的、发挥效果的成果是一个关键的节点，把这个节点提前，可以让参与创意的团队目标更加明确，会改变团队创意的过程。

创意工具之十五：创意的有机变形

在创意的落实过程中有两个常见现象：一是落实过程常与预先的设想不符，二是落实时间多数比预期的长。在多人一起完成创意任务时，这几乎是必然现象。

这就要求我们学会“变形”，就是在保持核心理念和优势不变的情况下，根据当时当地的情况进行调整，最终得到更高价值的创意成果。

是把创意落实的过程视为把想法转化为现实的过程，还是认为它就是“有机的”，有自身的生长规律，是截然不同的假设。

我们需要创意变形这个工具，是基于创意过程是有机的、在生长这一假设的。按照图纸建设大厦、桥梁更接近于前者，是把图纸上的设计变成现实，而设计软件、运作公司以及商务活动的众多行为，多是有机的。战略规划难以奏效，正是因为试图把有机的生长过程变成照图生产的实施过程。

创意变形工具，简单说就是把创意落实视为有意识的变形过程。

在不少情况下，创意变形并非褒义。在一群人一起实施创意时，经常出现坏的创意变形，原因有很多种：群体的意见不一致，最低能力的人决定成果的水平，屈从于现实的限制与障碍，懒惰与偷工减料等恶习产生不利影响等。比如，建筑师可能设计了头脑中完美的建筑，但材料、工艺等不到位或因他未考虑环境的限制，最后可能只得到次一等的成果。创意变形的挑战是如何向更优成果变形，把限制力变成激发力。

在创意设想阶段结束之后，就有了方向、构想和路线图。在实施的过程中，新想法不断涌现，相应地，人员与结构持续调整，会遇到限制性的障碍，但生存下来、壮大了的创意成果多是因为聚集了之前意想不到的资源。新创企业的发展过程和互联网应用的开发过程，多是正向变形的过程，那些无法正向变形的企业很快就会被淘汰。

任何成功的项目，对比其最初的设想和最终的结果，我们会发现，很多时候结果是保留了核心创意，而设想和结果却又截然不同。我们甚至可以武断地推而广之，成功的创意都是这种正向创意变形过程的幸存者。

要达成正向的创意变形，有以下三个要点。

第一，把落实过程视为另一项创意任务，目标是要得到比构想更好的创意成果。

第二，在落实过程中突破障碍而不受制于障碍，把障碍转变成激发力。

第三，在落实过程中有意识地聚集并高效地运用资源。

在创意落实过程中，“磕”是个特别有意味的汉字，可以是和决定性障碍死“磕”，也可能是“磕”得新的创意资源。

创意工具之十六：跟进，创意落实必须亲力亲为

创意落实过程，我们必须亲力亲为，绝不能认为已经有了创意想法，落实过程就可以交由“他们”去实现。没有一个所谓的

“他们”存在，“我”就是“他们”的一员，因而创意工具箱应备有“亲力亲为”这个工具。

实际上，如果有这样一个强大的“他们”，那么在创意落实之前，我们早就应该把“他们”带入进来，而不能任由这个可利用的智慧资源被荒废。

亲力亲为是对抗有了想法之后就可以完全委托给他人的错误认识。就专业分工和专业能力讲，创意落实过程必然包括引入在这方面更擅长的人。亲力亲为要对抗的，是认为可以完全交由他人来处理。交由他人只会破坏创意的成效，而不会带来我们通常设想的授权或委托给更擅长者的惊喜。亲力亲为就是仍然视自己为落实过程的主人并亲身参与。

亲力亲为这个工具，有时又可叫“跟进”。亲力亲为是自己跳下场，而跟进是从全局把控，是换个视角的说法。我们下面来对比一下“跟进”与“亲力亲为”两个说法反映的细微差别。

跟进是借用执行的说法，指要跟进执行的过程，检查每个关键节点的中间成果，确保最终成果的价值。到了落实创意时，参与创意的人数往往会激增。亲力亲为也只能是亲自做其中的一部分工作。跟进暗示的全面、分阶段的视角，是必然的选择。

亲力亲为，适合熟悉业务的人或从业务中成长起来的人，他甚至有可能亲自负责创意的核心。跟进，适合有宏观战略视角的人，他可以采取“超然介入”的方式，既深入又旁观。真正优秀的人在介入某事一段时间后，多半会（也应该）变成其中某一部分或某一层面的专家。以上两者的对比，只是起点状态不同，我们要做到在两种状态或视角之间自由切换。

亲力亲为与跟进这个工具在使用时要注意的问题和整个创意类似，就是要追求超出想象（也多半是自身能力）的创意成果，而不能让自身的想象空间成为成果的限制条件。

何时结束亲力亲为与跟进则是一个很重要的判断。简单地说，如果是开发一个新产品，有了相对成形的成果，就可以考虑撤出；如果是建立新的运作系统，可以系统自运转为判断标准；如果是建立新的工作流程，可以在新流程第一次成功运转结束之后。

创意工具之十七：不离一线，保持手感

创意，要有新视野，既可能源自跨界借鉴，也可能是“远离”所带来的灵感激发。但是，我们也需要始终不离一线、保持手感。

这种不离一线可细分为三种情形，要点都是保持手感。手感，是从日本设计中借鉴来的词，这里引申为真切的感受。

第一，就是真的一直在一线，做软件开发的始终在参与编码，做传媒的始终在采访，做科研的始终在做实验，做业务的始终在见客户，等等。这种在一线并不是说百分百的时间，而是说始终保持投入一定的时间比例。

始终在一线，可以保持真切的感受，而不至于让想法越来越概括与宏观、飘在天上，难与实践对接。在创意时，我们都会从天上的想法中汲取火花，又要始终与之保持距离，不离一线是最佳方法。

第二，是连续地深入各个环节，去了解、去理解、亲手实践。这种轮换式的参与，并不能让人成为精通者。对比而言，第一种人不离一线，多半是因为他们是一线核心业务的精通者。轮换式的不离一线同样带来真切的感受，不同的是，它带来的变化常常发生在各环节之间。

第三，一线也可解读为前沿，有一种不离一线就是始终和前沿相连。这对于处在快速变化领域的人尤其重要。技术进展或产业变局，可能迅速把过去的核心能力变成边缘，甚至出局。不离前沿就是时刻关注新的进展、试用新的产品、掌握新的技术。不断地掌握新技术甚至跨领域的技术，让人可以保持“新手”的感觉。

在前沿，比在一线要难。在一线或许可以反复运用旧技巧；在前沿，是始终在与未知的事物对抗，把未知变成已知。

在一线，经常遇到的疑问来自他人：“他怎么还在做这个？”意思是他应该做更“高级”的事。不过，优秀的创意工作者多半自我意识强，不易受他人观点的影响，在一线他乐在其中。

在前沿，遇到的疑问多半来自自己：“这我学得会吗？跟得上吗？”不行的念头一出，多半就停下来了，那也是创意的终结之时。

从本质上讲，只有前沿是全新的，才可以带来内心的激发和实际冲击。最杰出的创意不是所谓复古的以旧翻新，不是熟练之后的精妙改进，而是来自新事物翻天覆地的能量，来自它引发的浪潮般的创造。

向前看，面对未知，我们往往低估自身掌握新事物的能力；向后看，面对过往，我们则会发现自己掌握新事物的能力其实超出想象：我们每天接触和运用的，以5~10年前的视角看几乎都是全新的，比如网络用十多年时间就彻底融入了生活，像空气一样，我们甚至意识不到它的存在。

我们的创意工具箱中，有了处理“创意问题”的一组工具，有了处理“创意结果”的一组工具，也有了处理“创意落实”的一组工具，已经基本完备。但我认为，以下这个“质脆玩具”，对于保持我们的创意能力特别重要，值得放入工具箱中作为常备创意工具。

创意工具之十八：质脆玩具——造个玩具自己玩

第一次接触到“质脆玩具”（breakable toys）这个说法就被它吸引，简单地说，就是我们用自己掌握的技能造个玩具自己玩。学习木工时，我们做个难看的小板凳自己坐，大体上就是这样的意思。任何曾经学习一门技能的人都有过这样的经历。

在《软件开发者路线图》一书中，两位作者把质脆玩具列为一项正式的学习与技能提升模式，用他们的说法是：“设计并构建一套玩具系统，此系统使用的工具集（而不是系统的功能）与你在工作中构建的系统类似。”

在创意工具箱中要备上借鉴自软件开发的质脆玩具这个工具，是因为创意工作者和软件开发者面对的是同样的情境和问题。《软件开发者路线图》为这一模式所做的情境分析和问题描述是：

• 来自失败的经验与来自成功的经验同样多。

• 你在一个不允许失败的环境中工作，然而失败常常是学习一样东西的最好方法。

因而办法就是造个玩具自己玩，在造玩具的过程中独自经历各种各样的失败，从中学习。

其一，像表演者一样。我们在台下尝试各种超高难度的动作，却在台上表演最有把握的动作，因为观众是来看你成功的表演的。但是，没有台下的失败就没有台上的成功。高德纳（Donald Knuth）在《计算机程序设计艺术》中写道："我们可以从编写随意的'玩具'程序中受益，编写玩具程序时，我们会设置一些人为的限制，从而将自己的能力推到极限。"

其二，如《软件开发者路线图》中所说，我们所做的玩具"经常都是些工业级工具的简单再实现，重新实现它们可让你更深入地理解哪些因素导致了这种工具的现有设计"。比如学习一门网络编程语言或框架，很多人会用它做个博客程序，做它的过程充满乐趣。你可以根据自己的独特需求"乱"做，也会拿它和专业级的系统进行对比，从而更好地理解专业级/工业级的系统。

其三，最大的好处是在造质脆玩具的过程中，"你可以尝试那些可能导致灾难性失败的思想或技术。但这些失败只可能伤害到一个人，那就是你"。《软件开发者路线图》中说，质脆玩具是关于如何跨出自己的技能边界并独立构建完整的软件项目，以此来刻意创建学习机会。

有时，一个人的质脆玩具甚至可能变成世界级的产品。1991年，当时还是赫尔辛基大学学生的林纳斯·托瓦兹（Linus Torvalds）做了个玩具操作系统，这个系统就是在互联网服务器占据统治地位的Linux。

有意思的是，之后有无数人在Linux这个开源系统上造着更多的质脆玩具，其中又有不少世界级产品。

做个玩具自己玩，不是出于需要，而是因为它真的好玩，我们对它有热情，热情会创造出令人惊奇的成果。

第三部分

创意思维方式：思考的技术

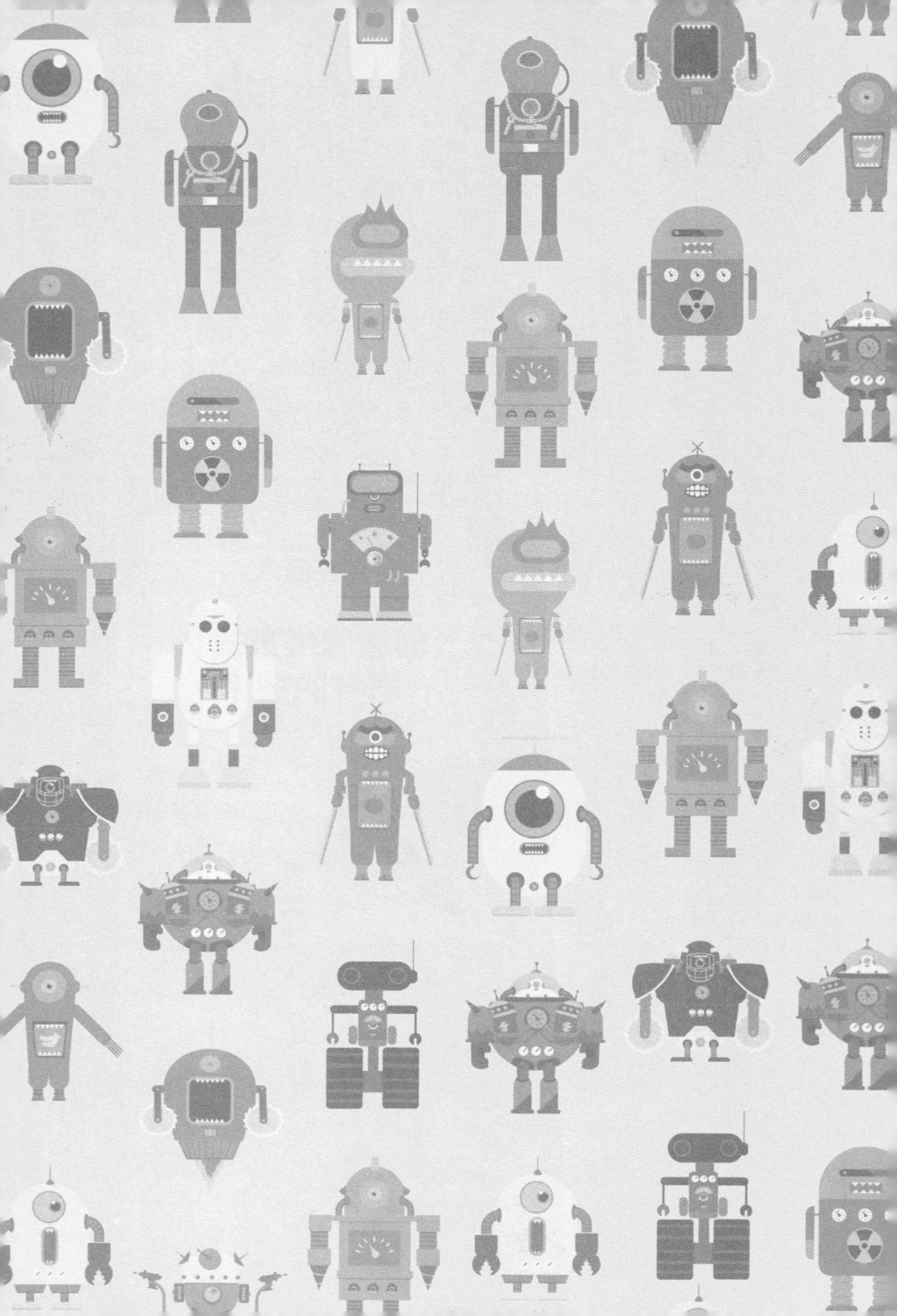

[第七章]

面对外部：向外感受创意的压力

能工摹其形，巧匠摄其魂。

——毕加索

对于过去，你可以分析；但对于未来，你得创意。

——冯崇裕

创意，是为了对外部世界做出反应，更是为了吸收外部的成果。因此在讨论思考的技术时，我们首先要面对外部：怎么看待优秀作品？怎么看待重复？怎么改进？怎么面对困境？怎么突围？

品质感的落差

我们这一代人中，无论具体做什么、作品是什么形态，大都对品质感有着深刻的感受与困惑。典型的困惑是，尽管对作品充满信心，但又总觉得品质感未到位，还有改善空间，在两者之间纠结。“品质感”这个词和亚历山大在《建筑的永恒之道》中所用的“生机”（alive）这个词一样，是不需要解释，也无法解释的。我们不能简单地用“不要追求完美主义”来打消这种困惑，虽然“完美”二字的确常是导致持续困惑的一种原因。

当我考虑品质感的时候，有个故事就会涌现出来。赖声川在《赖声川的创意学》中讲了他求学时代的一个故事，在加州大学伯克利分校的戏剧大师课上，他曾担任导演斯特鲁克的副导演，在斯特鲁克短暂离开一周时，他负责排戏：

“不知为何，我把戏弄坏了，所有人都可以感觉到一种原本具有的魔法般的魅力不见了。”

斯特鲁克回来后用了两个小时，“找出所有的问题，并告知大家怎么改。这出戏恢复原状，魔法还原了”。

问题是，我们很少有机会上赖声川经历的“大师课程”（master class）。“导演”根本就不存在，品质感的问题得靠我们去试错、琢磨、改善，以及偶尔仰赖灵光一现。

现在我们有品质感的困惑，这有不少客观原因。比如，无论对自己的作品多么自得，我们早已经不能盲目到只跟眼前能看到的作品对比。全世界最优秀的作品都在眼前：做工业产品的，请看苹果的硬件产品；做算法的，请看谷歌……商业、时装、媒体、技术，每个领域大多如此。或许在多数领域不会是赢家通吃，但我们自己总不免要和最好的去对比，因为它就在我们面前，无法忽视。

困惑就是，眼到了，手未到。

品质感的困惑，在过去与现在或许只困扰少数人，但随着越来越多的人成为创意工作者，依靠自己的作品生存与生活，而不再是简单地完成任务，这个困惑将进入更多人的心中。

品质感的落差是困扰创意工作者的大问题。如果一个人从未表露过对自己作品品质感的哪怕一点困惑，要么是他满足于现状从而看不到落差，要么是他隐藏得太好了。

我们在追寻品质感的过程中，困惑还会进一步增多。

困惑来自落差。“复制到中国”（Copy to China）是因互联网而得名的词汇，“复制”其实一直是重要的知识传播与学习方式。但问题是，在复制的过程中我们常常在对比中疑惑——为什么魔法消失了？

乔布斯曾引述毕加索的名句——能工摹其形，巧匠摄其魂。品质感的落差总是出现在这句话的后半句上。

用心、细致一点的对比，常是进行像素级的对照，分析每一处细节，反复地复制、调试，这能解决一部分困惑，又会增加一些困惑。

困惑来自深入。我们发现，除非艺术家个人的作品，品质感都源于其背后的系统和整个群体的专业度。

困惑来自新手和老手之间的纠结。金出武雄教授说科研要“像新手一样思考，像专家一样实践”。之所以有品质感的困惑，是因为我们“像新手一样思考”，新手会不顾一切限制条件要做到最好。“像专家一样实践”则带来更多的困惑，专家级实践技艺的掌握需要更多的时间。更何况，金出武雄的意思是说，即便变成老手，也要能像新手一样看到新意思；即便是新手，也要进行专家级的实践。

当然，对于既看不到视野落差，也看不到实践成果落差的人来说，不存在品质感的困惑，或许连品质感都不存在。

过去，面对这一困惑，人们常求诸扩展视野与眼界、追求完美、用心与真诚、用时间雕琢等，这些大而化之的方式偶尔有效。未来，品质感的落差与困惑则可能需要更细致的审视，因为它已经升级为创意时代的“大问题”。

面对“日复一日的重复”

在探讨如何消除品质感困惑之前，我们要先面对一个简单又艰难的现实：很少有创意工作者愿坦然承认自己的工作是日复一日的重复。但这是重要的事实，我们都是在不断地重复。只有极少数人能机遇好到每一次都做新奇之事，并且这种机遇多半也是阶段性的，每隔几年能做全新之事就很幸运了。

重复是现实。有可能我们一天内要重复做同样的事很多遍，可能每天只是前一天的重复，可能虽然每天做的不一样，但每周每月还是重复，可能做完一个项目再做下一个新项目其实还是“旧的”，可能后五年做的事看似和之前完全不同，但真从细处分辨，只不过变化了很少一部分。

重复其实不是坏事，那些不断重复的事多半正是我们做得最好的，是我们的核心竞争力。有进取心的人都不喜欢重复，但问题是，看似有进取心地追求不重复，结果却没有利用重复给我们的机会。

重复是工作的本质，之所以需要重视它，是因为重复隐藏着三大价值：通过改进提升水准，通过发现提升价值，通过创新改善模式化水平。

第一，每次重复都是改进的机会点。

设想一种极端的情形，本来我们做的是以周、月为周期的事，在这种周期中我们有足够的裕量去思考、创意，但突然间，原本一周时间完成的任务需要每天完成一次，这种变化带来的挑战是如何调整让事情可以在短周期内完成，更重要的是如何适应重复。这样的情形其实很常见，在筹建新项目、开展新业务时，我们有很长的时间去规划、创想、设计和试验，但业务正常运转之后，就要在相对短的周期里不断重复执行了。

一项任务从过去每周做变成每日重复，这极大地压缩了时空，每天都提供了改进的机遇。通常而言，重复5次以上我们就可以把水平提升一个小台阶，20次就可以提升一个大台阶。重复频率提高之后，过去需要一年的改进过程可能现在一个月就实现了。

这里所说的改进，有可能是改进操作流程，有可能是质量提高，有可能是过程与结果的全面重构，发现全盘革新的机会。在日常实践中，我们看到的是许多人只是在机械重复，而没有改进与提高，白白浪费了机会。抓住快速改进的机遇，从长期看，就是避免长期在低水平上重复。

第二，通过重复寻找价值。

稍微远离重复事项可获得两个价值：一是从长期视角观察，怎样找到重复事项中的共同价值，也就是把珍珠串成线；二是进一步深入重复事项内部，将重复事项拆分成更小的模块，或全局反思重复事项的内部流程，从而全面革新。

对多数工作者，重复事项仅仅是完成任务，串起来的价值才是获得成就感的主要来源。我们以当下最具创新的苹果公司做思维实验，进行探讨。苹果公司有一个团队的工作是负责审查开发者提交到应用商店的新应用软件，他们的重复事项就是审查一个又一个应用，而这个重复累积起来形成的价值就是，苹果和它的用户共同拥有了几十万个丰富有趣的应用软件。

把珍珠串成线还有更多的方式。我们继续以上述团队做设想，比如他们审查的重点环节是应用软件不能违背苹果设定的规范，把这个环节形成最佳做法，在团队内推广；比如他们发现一类应用很有趣且不断出现，他们可以把它推荐给用户；比如他们发现在用户体验设计上的共同点，总结提炼后形成报告提供给开发者，可以大幅度提高各类应用的效果。

第三，通过创新改善模式化水平。

我们会日复一日地重复与改进，阶段性地停下来以整体视角看所重复的事项，可以把最佳做法变成标准操作模式，也可以对重复事项进行较为深入的创新。

比如一项任务的操作过程可能包括A、B、C、D、E 5个步骤，在日常改进的过程中我们已经对A、C进行了改进，提升了效果，又发现D这一步骤根本不再需要，而流程上E与B对调能削减时间成本。

因此，阶段性地停下来所做的，可能是把完成任务的方式重新模式化为A、E、C、B 4个步骤。

还有一个可能是，我们从整体看发现其实对C的改进并无必要，B、C、D三步可以用全新的F这一步骤来代替，从而未来的做法变成A、F、E 3个步骤，实现较大的创新。

面对“日复一日的重复”这个事实，我们才能在工作中找到乐趣，提升自己，不断创新，而不是追逐虚无的新奇，或感觉在重复中服苦役。

重复改进能消除品质感的落差吗

与品质感的困惑和平共处，有两个重要的支撑力量：一是品质感的落差很大程度上是因为我们未看到他人完美作品呈现前的改进过程；二是我们自己通过快速改进提升自己的作品。两者其实都是在提供一种信念——重复改进可以提高品质感。

但我们也必须承认，虽然重复改进可以部分做到提高品质感，但光靠重复改进无法真正实现目标，还必须依靠“单次跳跃”。

优秀的作品的确都源自改进或雕琢的过程。如果有机会观摩（甚至参与）他人的改进过程，而不是只看到最终作品的完美揭幕，比如在前面提到的台湾戏剧导演赖声川所上的“大师课程”，将能大幅度提高水准。

“师傅”的价值就在于展现这个改进过程，这个过程传递的知识与技能其实只是自然而然的附带产物。在电影导演文德斯所著的《与安东尼奥尼一起的时光》一书中，他记录和安东尼奥尼一起拍摄《云上的日子》的过程。这个过程可以说是文德斯所上的“大师课程”，他经历了安东尼奥尼实际拍摄一部影片的过程。

需要警示的是，以崇拜者的姿态进行的记录，或由新闻报道者进行的旁观者式记录，如果用在了解改进过程中常易引发误导。这两种记录方式多倾向于记录作品最后的完美（或惨败），即便讲述改进过程也是为这一目的服务的，因而缺乏对改进过程的真实记录。

改进是达到高性能或品质感的根本手段之一。任何人工制造的完美事物，除了最初的设计之外，在完美呈现之前都必然经历改进的过程。有时它被称为排练，有时它被称为修改与编辑，有时它被称为工程化过程。

按创新学者克里斯坦森的破坏式创新理论，竞争获胜的要点是改进曲线的斜率是否超过其他对手，也就是如何快速改进让产品性能超过对手。这一理论认为，在商业上，颠覆性的新事物都以较低的性能出现，满足当时市场上未被满足的需求，并通过较快的改进速率最终超过旧事物。中国互联网业极有说服力地证明了这种逻辑的实际价值。

前文讨论了重复的本质。作品简单地划分，可分为两大类：一类是单次的，所有的改进都在之前、都是预演，一旦正式推出就难以挽回；一类是重复的，不断地推陈出新，在下一次还有改进的机会。如果以文化娱乐里的产品做类比，前者就像一场只上演一次的戏剧，后者则是连续的出版物。许多作品都可以轻松地归入两者之一。当然也有例外，比如互联网上的产品既不像第一类，也不像第二类，它可以持续改进，没有了之前与之后间的分隔线。

在这种两分法之下，改进也被分类了，是在唯一的机会前改进到完美，还是永远有下一次，持续改进？

为便利起见，我和很多人一样很早就选择了第二种也就是持续改进：在重复中寻求改进，找寻重复的部分并改进它，截止时间成为朋友而非敌人；偶尔处于只有一次的机会时往往紧张，而面对有着持续改进可能的诸如互联网产品时，则倾向于将之变成不同模式的重复。

在重复中改进，在下一次改进，对于本来就是重复性或改动成本低的事物来说，在提升性能上相当有效，特别是如果能够持久快速地改进时。但是，当这套重复改进策略被用于弥补品质感的落差时，却常常失败。这是因为重复式改进不能提升品质感，而需要求助于单次的全面革新。

此时，重复改进策略失败所产生的困惑，也就自然附加到围绕品质感的困惑之上了。为什么持续改进能提升性能，却难以改进品质感？为什么在品质感上单次的全面革新常能奏效？

这两个问题指向同一个答案：性能是可以细分的，品质感却是整体的。

要么在之上，要么在之下，单次的全面革新是动员所有力量推动从下到上的跳跃。

单次的全面革新，是要么成，要么败，质疑基本假设；重复式改进则是小步快跑，对根本的错误无能为力。

从另一个角度讲，重复式改进大多是增加特性的过程，而品质感的提升却可能是依靠减掉影响品质感的元素来达成的。

对于本质是需要单次革新的情况，如果还试图沿用重复改进策略，则在品质感提升中难免失败。

在互联网出现之后，我们都逐渐接受了一种思路：把不完美的测试版放到线上，和用户一起持续改进。重复改进策略在提升品质感上的失败，让我们意识到Beta版思路远比表面看起来的要复杂、有更多分岔，它不是全能工具：你有一次机会还是几次机会？什么可变、什么不能变？

甚至可以说，Beta版思路的成功是偶然现象，而不是必然，因为强调这一思路的人忽视了Beta版推出前看不见的关键抉择与改进过程。

因此，一方面我们要认识到完美作品呈现前的改进过程，并相信通过改进来提升品质感；另一方面，如果目标是品质感，那么我们需要做的是全面革新，也就是“单次跳跃”，而不能只是一个元素一个元素地对照与改进，更不能仅寄希望于日常的改进过程。

陷入重围

回顾起来，在商业世界中，大概没有什么重大问题像“困在重围”和“困兽犹斗”这般处于如此奇特的境地：它隔段时间就出来困扰我们，而在正式的记述与思考中却几乎被忽略。常见的商业讲述方式往往强调突破重围的一面，比如商业报道、商业传记中的典型故事结构是：一个人面对一个困境，重点描述困境非常难，之后，他突破重围，分析总结出一些方法;又或者他失败了，分析失败原因是什么。

突破重围的方法的记录相对较多，这种故事有天然的说服力。失败的故事相对少，而陷在重围中的故事，则基本上没有。管理理论也大多采纳类似的方式，比如讨论变革，重点所谈实际是变革的方法。

但我们要看到：困在重围是个好问题，绝处逢生是一个答案，绝处逢生的秘诀是次一等的答案。

在商业中没有陷入重围、困兽犹斗和困惑迷茫的故事，这容易解释。一方面，商业的本质是向前看的，甚少向后看；另一方面，脱困经常是新人的功劳（所以商业故事的主角经常是新CEO或拯救者）。即便是曾身陷重围的人，当他突围而出时，极大程度上，他也成为“新人”。

突出重围的神奇与《圣经》中的一个故事可做类比：摩西率犹太人离开埃及，在红海边被海水阻住，后有追兵，前有大海，摩西带领犹太人走入大海，海水自动分向两边露出一条道路。当他们通过后，被分开的海水又自动合上。前有大海、后有追兵的困境让位于神奇，我们都易被神奇感动，会很快忘了走投无路的那个时刻。

《迷宫中的将军》是著名作家马尔克斯的一本书，讲述了拉丁美洲解放者玻利瓦尔的故事：他从西班牙殖民统治下解放大南美，但他取胜的地方却在他离开后又陷入割据内战，最终形成今日南美洲诸国林立的状态。小说名来自玻利瓦尔的遗言，他在临终前行忏悔礼："可恶！唉！我怎样才能走出这座迷宫啊？"当我们走出迷宫时，我们特别容易忘了讲这句话时的感受。

台湾文化人唐诺在《阅读的故事》中不断用"迷宫中的将军"来引导自己了解阅读世界。唐诺讲述的其实是对阅读中困惑的探索，他说："我只能诚实地去正视，去描述，并无可奈何地把自己有限的思考、有限的因应解决之道给'提供'（或应该用'暴露'）出来。"

"困兽"是我谈起困惑时喜欢用的词，它非常鲜明。商业界谈论的多是寻找突破重围的方法，关注的是绝处逢生的那个缺口，很少谈"困兽犹斗"的那个状态、那一刻的挣扎。如何应对那一刻，我并未看到更不用说掌握什么有效的方法。唯一的例外，我相信有一个对多数陷入重围的人有价值的方法，就是中国传统智慧中的"当行则行，当止则止"，或者用松下幸之助更通俗的类似说法，"下雨了就打伞"，这是他认为的经营要领。

创意的挣扎要竭力避免从野外求生中借鉴而来的情形，也就是心理学家伊丽莎白·库伯勒－罗斯列举的垂死者所经历的五个阶段，分别是否认、愤怒、争执、沮丧和认命。如果陷入这种循环，那就不是困兽犹斗，而是一种极其悲伤的情形了。美国管理学者、《基业长青》作者吉姆·柯林斯在新书《强大企业的兴衰》（*How the Mighty Fall*）中也描述了企业陷入危机的5个阶段，情形类似：目空一切、盲目扩张、漠视危机、药石乱投和随风而逝。

对迷路者（深陷困境者）的故事与心态，在《深度生存》一书中，知名野外探险作者劳伦斯·冈萨雷斯非常形象地进行了描述，他介绍了丛林中迷路者的5个阶段。

- 第一阶段：否认自己迷路，急于赶路，心情也越发急迫，试图使假想地图和现实环境相匹配。
- 第二阶段：意识到自己果真迷路了，紧迫感迅速膨胀，到了生死攸关的非常时刻；这次，你无法保持头脑清醒，行为疯狂而徒劳，甚至危及生命。
- 第三阶段（通常在受伤和耗尽体能之后）：利用情感化学反应找到对策，试图找到同假想地图相匹配的目的地（这种对策不着边界，因为事到如今，你想象中的目的地根本不存在——你早就迷失了方向）。
- 第四阶段：由于对策不起作用，无法解决地图和现实之间的矛盾，理智判断和情感反应能力开始衰退。
- 第五阶段：你已别无选择，体能耗尽，只得向困境低头。

当然，野外求生的故事不会真的那么悲伤，这5个阶段其实是所有陷入重围的人都必须经历的，只是时间长短不同而已。冈萨雷斯写道：“最后一个阶段既意味着结束，也意味着开始。有人开始放弃，最终死亡；也有人不再固执地否认，而是开始求生。”

对于困境的探索，也是一个困境，它绝对是个好问题。

突出重围

在我们试图寻求突围时，一些世界级的变革者常常出现在眼前，我们试图从他们身上得到创意的灵感。

我们最熟悉的是“扶大厦之将倾”的变革者，他们制定重大决策的能力给我们留下了深刻印象。郭士纳让IBM起死回生，在自传《谁说大象不能跳舞》中，他自述面对的第一个决策就是：是分拆公司分别获取价值，还是保持公司的完整性。后来我看吉列CEO基尔茨那本没那么受关注的传记《刀锋上的舞蹈》，他挽救吉列时最初面对的主要选择之一竟然也是要不要“卖掉一切”。传奇CEO杰克·韦尔奇变革通用电气的“数一数二”策略也相似，韦尔奇说，如果业务不能做到数一数二就卖掉。

当遇到迷宫般的困境时，我们经常期待寻找到屠龙刀或倚天剑，能用一个“大决策”解决所有问题。但正如金庸小说所写，这两样兵器自身锋利，但更重要的是它们是武功秘籍与兵法的保护伞，藏在其背后的秘籍与兵法才是重点。

“卖掉一切”暗含的是彻底解脱。这的确是一种可能的选择，不过不太可能出现在成功的商业变革者讲述自己的故事中，分拆、卖掉一切是投资的思路，是他们所竭力避免的，永远不会是他们的主动选择，那通常是他们不幸失败之后负责收拾残局的人做的。

这些世界级的变革者做了一个新的抉择，但沿着他们的经验深入下去会发现，除了最初的那个艰难但可能后来看也平淡无奇、顺理成章的所谓大决策外，后续是一系列相互关联的小决定和行动。

郭士纳给人的感觉是非常看重决策，“在IBM任职期间，我对公司的最大贡献，就是把公司真正变成一个整合的实体”。但从他的自述中，我们仍可以看到他的许多行动。基尔茨认为要点是“做正确的事”、“抓住关键”，他在自传中详细讲解了在吉列的“领导过程”。从细节处我们可以看到，他是极其优秀的运营者。

企业的经营历程中，大体上有三类人：

- 建立自运转体系的构建者
- 驱动体系加速的运营者
- 变轨到新的状态（甚至重整体系）的变革者

这是相互关联的三种角色，他们呈现的是非常不同的特质。企业的创建者从零开始聚集资源、构建体系。从变革或者突破困境的角度看，变革者所做的是打破惯性，把自运转的体系变轨到新的状态，之后驱动体系加速，最终构建在新状态下自运转的体系。也就是说，变革并非仅是大决策。

我们在困境中能做的和必须做的是努力脱离惯性、重聚资源再爆发，不过不可过于寄望于神奇的大决策。我们能寻到的决策通常没屠龙刀、倚天剑那么夺目，掌握它背后的秘籍兵法所需要的时间与努力，也比小说描述的神奇一瞬要多得多。

如果还有第四类人或第四类状态，则可能是互联网行业中经常难以定义却很显著的那一类，他们构建毫无盈利可言的业务，持续运营扩张，然后突然找到盈利之路。他们本质上是在构建者、运营者、变革者三个角色中转换，但转换的速度和难预见性，超过所有人的想象。

思考困境与变革会谈及这第四种人，因为在他们完成最终的转变之前，其实都可以视为在困境中探索。这个探索过程是构建、运营、变革的多次快速循环，而后来看似显著的终极转变，多半没事后看那么突出和重大。

面对外部之后，为了更有创意，我们终究要转回来面对自己的内心，这才是创意的真正本源。

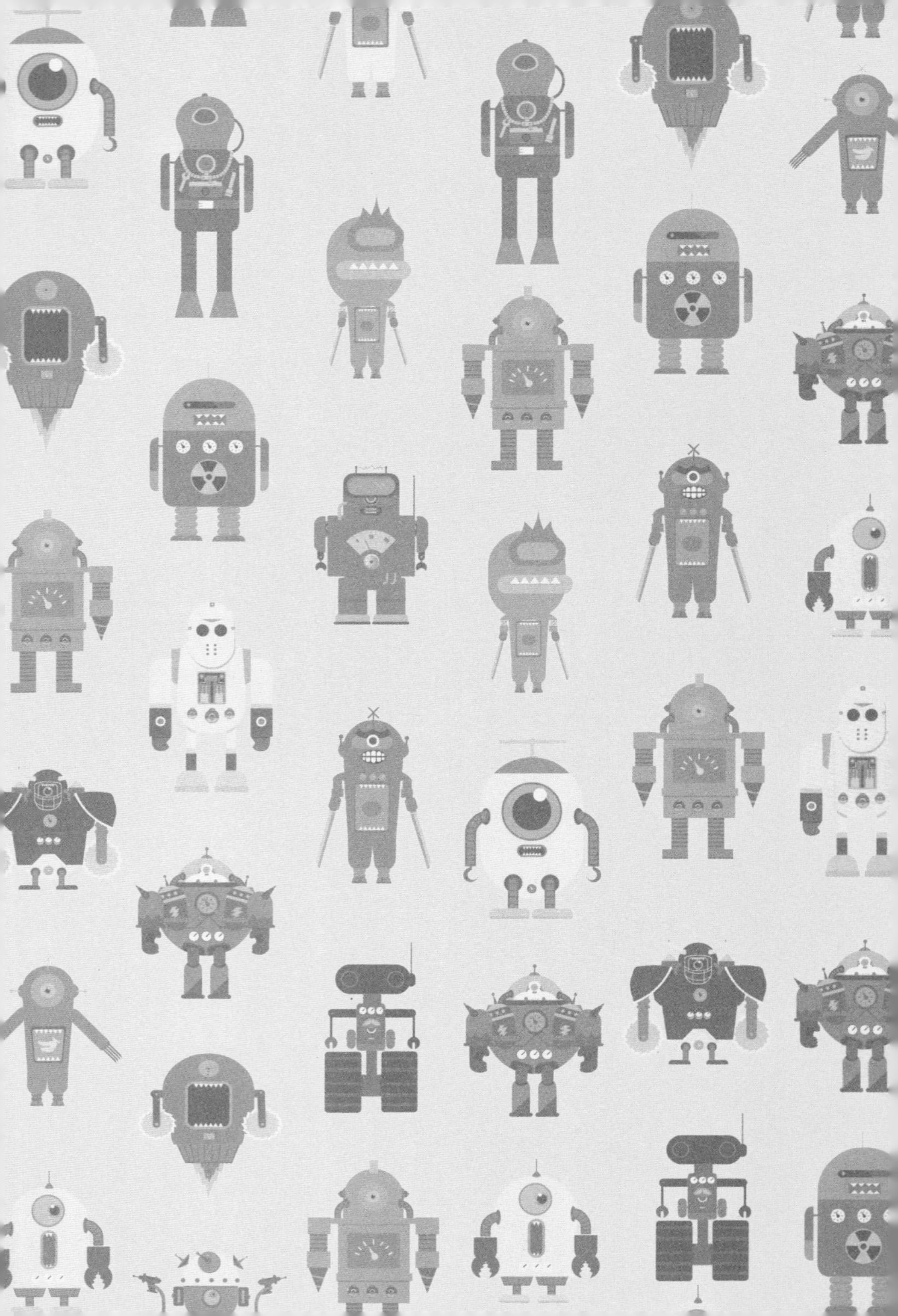

[第八章]

面对内心：从内心发现创意之源

全心全意、充满创意地投入所做的一切。

——埃伦 · 兰格

面对内心是为了从内心发现创意之源，是寻找外部与内心的联结，是运用智慧看到未知的已知，是反思外部在内心的理论映射，是进行有意识的持久反思与学习，是通过生活发现身与心的关联。

觉醒：发现外部与内心的联结

进入新环境时，我们的感觉特别敏锐，容易看到被忽视的细节，感受到氛围的微妙，也在反复思索自身每一个动作的目的与对错。当我们进入舒适状态时，一切都仿佛变成背景，行动也像自动似的。

这种状态切换是人的天然本能，它让我们不被细节困扰，从而节省能量。但是它带来的问题可能和解决的问题一样多，其中最大的负面影响可能是让我们失去与自身行动及外部事物的关联。

我们不能承受失去与自身行动及外部事物的关联。这里不是从感性和哲学的角度看这个问题，而是从创意工作者非常理性的角度看：我们在工作中发挥个人能量之所在，就是用行动带来结果。失去对行动的主动感觉，失去对外部事物的关联和觉知，称为“无意识的行动”，会让我们失去对行动的把握，而把它交给不可知的外力，却期望得到想要的结果。

但无意识的行动只能得到不可知的结果，放弃对行动的主导权也就放弃了发挥创意的机会。

解决之道就是“觉醒”（mindfulness），即清醒地觉察自己和外界。觉醒要解决的不是判断力的问题，不是发掘个人的智慧，也不是积累经验与技能，而是真正觉察到自己的行动，了解外界的真实情形。比较直观地说，真正的觉察是你让自己安静下来去分辨办公室里工作伙伴敲击键盘的节奏，站在公园里倾听昆虫浅吟低唱和树叶的声音，留意每天走的人行道的小缝，以及在每一块地砖上感受自己的脚步。

关于“觉醒”这个词在两本不同领域的著作中看到过。一是哈佛大学心理学教授、画家埃伦·兰格的《专注力》，她区别了心不在焉和专注：心不在焉，就是对眼前的世界失去知觉；专注力，则是能够看到新鲜事物。她写道：“若心不在焉，行为便会受规则与惯例主宰，我们的领悟力会变得迟钝，进而忽略细微变化。”

在广受欢迎的《和谐领导》（*Resonant Leadership*）一书中，两位管理学者理查德·伯亚斯、安妮·麦基提出了和谐领导力需要的三种因素：警醒之心、希望之心和怜惜之心。这里的警醒之心，即觉醒，按他们的定义，是对所有一切事务都能清醒认识的能力，它不仅指能充分意识到自己的内在体验，还能密切关注周围正在发生的事。

提升模式化水平是寻求问题解决方案的重要思考途径，也就是尽可能创造好的模式与轨道，让事物按照模式自动运转。觉醒似乎是走向不同的道路，实际上并非如此。我们在采用模式化的方式时，更需要清醒地觉察到自己的行动以及与外界的关联，而不是把主动权交给模式。不能清晰地讲述每一步为什么这样的人不可能做好，创造模式和改进模式更是需要人的觉醒。

我们可以具体到创意工作者的每日生活来讨论觉醒。

第一层面是事实层面。觉醒是了解自己所做的事，讲清为什么做和怎么做。

这看似简单，但绝不容易。“正在做什么”就不容易回答。匠人与宫殿的故事大家耳熟能详：工地上有三个匠人，被问到这个问题时，有三种回答——在砌墙，在盖房子，在建造伟大的宫殿。这三种都是可接受的答案，第三种回答并非最佳答案，因为它既可能显示工作者有远大的理想，也可能说明工作者好高骛远。

能够清晰地把“怎么做”讲述清楚并贴近现实是优秀工作者的共同特征。大部分人对这个问题的回答并不令人满意：过于空洞，逻辑与步骤混乱；过于啰嗦与烦琐，陷于个别细节，遗漏重要细节；讲的是脱离实际的理想状况；等等。

知道在做什么、为什么做、怎么做，是觉醒的第一层面，是事实层面。

第二层面是优先级的认知。知道整体而言的关键事项是什么，知道每天的重要事项是什么，并通过觉醒让认知和行动保持一致。

在被问到自己的时间分配时，我们都能大致描述分配比例、各做什么，但如果真的记录和比较一下，认知和行动惊人的不一致就会摆在眼前。觉醒就是当做自己喜欢的事项，而不是应做的重要事项时，知道自己处在游离状态。

第三层面是清醒认知与反思层面。知道自己为什么做出现在这样的选择，知道现在这样的选择和行动会带来什么结果，以及通过事后的总结、复盘与反思来加深认知。

在这里，觉醒是我们清晰地知道当前的选择是基于什么假设，受限于哪些条件，哪个部分是超出条件限制的部分，什么是能根据实际情形调整的。觉醒也是在行动时，我们有意识地感受自己采取的每一步行动，知道行动的可能结果，当意料之外的情形（无论好与坏）出现时能及时感受到。反思，被自然地视为有意识的部分，唯一要强调的是，我们应该有意识地观察自己念头的流动，看到自己的念头。

第四层面是对微妙之处的感知。觉醒是打开对细微之处的感知，摒弃一切理所当然，像手艺人或匠人一样感受自己的动作和结果。

例行、惯例、理所当然是觉醒的大敌。诸如绘画、写字这样的行动中，我们可以马上看到结果，但创意工作者面对的情形常是行动和结果之间的分离。于是我们就用例行、惯例、理所当然来弥补这种分离，而放弃感知和反思，但这种弥补常常不可靠。对细节的感知和思考，从小处说可以带来局部的创新，往大了说可以看到影响深远的问题。

运用智慧看到未知的已知

用未知与已知做区分，犹太人把现实分成四个世界，用有犹太"老拉比"之称的尔曼拉比的说法即是：

- 显而易见的显而易见领域
- 显而易见的隐而不见领域
- 隐而不见的显而易见领域
- 隐而不见的隐而不见领域

与这四个世界分别对应的解决之道分别是：信息、理解、智慧和崇敬。

这为我们思考未知与已知提供了一种结构化思路。

如何看到未知的已知（隐而不见的显而易见领域）常是我们遇到的真正的挑战。获取信息（已知的已知）、学习理解（已知的未知）虽难但都有路径，"未知的未知"则只能交给哲学与宗教。我们要应对的是那些未知的已知，也就是需要智慧的世界。

在隐而不见的显而易见领域，我们要做的其实是运用智慧，达到“已知的未知化”。

这么说是因为，在这个领域，要达成的目标是把“隐而不见”变成可见，但是创造路径却是以陌生的眼光看显而易见的事物，从它开始；而不是围着“隐而不见”去思考，那样只会陷入空无。最终，我们用产品把这个过程的成果凸显和落实，也就是用智慧把这个领域变成了“显而易见的显而易见领域”，变成了“已知的已知”。

日本著名设计师原研哉某次在北京演讲时强调了他的“已知的未知化”这一设计理念，他认为人生要关注的，不应该是“这个是什么东西”，而应该是“这个会成为什么东西”。更早前的2000年4月，他策划了“RE-DESIGN——21世纪日常用品再设计”，背后的设计理念是将已知的事物陌生化，从而构成另一种独特的创造。

苹果公司创始人乔布斯正是个中高手。他没有创造MP3播放器（已知），而是创造了iPod（未知化）；他没有创造智能手机，而是创造了iPhone；他没有创造上网本，而是创造了iPad。其他人只是当未知已经被产品凸显得很清晰时，才很兴奋地说：“我看到了！”

乔布斯在苹果粉丝中往往有近乎神的色彩，也就是带有崇敬的成分，有人甚至造出特别的词汇“现实扭曲力场”（Reality Distortion Field）来描述他这样一种能力，他能让人信服他看到的图景。

乔布斯最擅长的并非他能看到彻底未知的（未知的未知），用原研哉的话说，是他能够做到“已知的未知化”，最终以精妙的产品把这个过程的成果落实，把“未知的已知”摆到我们面前。我们能感到他创造的每代苹果的产品都是似乎必然要存在的事物，是很平常的“已知的已知”。卡耐基梅隆大学教授乔纳森·卡根和克雷格·沃格尔有这样一个说法：“成功的产品一旦推向市场就会变成一种必需品。”

乔布斯的现实扭曲力场的神奇或许就在于，他在讲述时，能在我们面前展现“已知的已知”的状态，而当时我们还处在“未知的已知”的状态。

同样，看真正杰出的设计师的作品，我们常常会惊叹，原来可以这样！他们把“未知的已知”呈现在我们面前。

当然，把关注点放在（未知的）已知，还有一个实用主义的原因：很少有一家公司或个体能够创造全新潮流，它们都是大潮流的一分子，最多推动了潮流。但我们都已经很清楚地了解，已知的未知化得到的成果和之前已知的比较，已经完全不是一类事物了。

创业最可行的选择正是看到已知事物的未知潜能，并将之实现。

未知与已知的辩证关系，有很多很值得深入思考的议题。比如，当下的已知在未来可能因为时间的消逝而变成未知，当下的未知和难解的问题，从未来往现在回顾可能是顺理成章的事。

原研哉有一句经常用来自勉的话，“小处着手，大处着眼”。他能称得上设计大师，既是因为他善于处理设计的细节问题，更是因为他的着眼点不同，他努力让自己在“一个可以俯瞰过去、现在和未来的视点上来思考问题”。要想看清已知与未知，需要这样的全能视角。

看清理论对我们的影响

“尽管绝大多数管理者认为自己不属于理论驱动型，实际上他们却是狼吞虎咽的理论消费者。”我在多年前看到著名创新管理专家、哈佛商学院教授克里斯坦森的这个论断时，就将它铭刻于心，不断自问：“我在受什么‘理论’驱动？”

“理论”这个词可能看起来很深奥，其实它就是回答“这样做会得到什么结果”这个问题的。

这个世界上有很多理论家，有很多完善、正确且深奥的理论。对我们而言，关于理论，首要的是，不要被他人的理论“愚弄”。我们要认识到，自己正在使用某种逻辑，要能既整体又细节地理解它，要知道这样行动会得到什么，又要真正理解它背后的因果关系。

其实，大多数时候，我们不是被理论愚弄，而是被自己愚弄。我们经常把自己未完全理解的东西投入应用，把自己扔进黑盒子，期待得到完美的结果。

金融大鳄索罗斯以“反身性理论”著称，他总是用这套理论解释国际金融市场。他同时擅长赚钱和理论，但他对理论的态度值得特别注意。

有个投资家曾与索罗斯辩论了一下午，索罗斯完全看跌股市，他用一套非常精巧的理论解释为什么。但后来的事实是索罗斯完全错了，股市欣欣向荣。这个投资家两年后又遇到索罗斯，他问："你还记得我们的谈话吗？""我记得很清楚，"索罗斯回答道，"我后来改主意了，赚了一大笔。"

索罗斯的故事恰好包括了理论的三个层面：他人的理论、自己的理论、应用中的理论。

他人的理论十分常见——书上写的、课堂上教的、前辈讲的。"反身理论"早已超出索罗斯个人体验的范畴，因而可归入这一类。

自己的理论则是我们就某一具体问题的思考过程，是我们脑中的理论，索罗斯对为什么看跌股市的分析过程即是这一类。

应用中的理论则是索罗斯实际做的，他改变了自己的理论——改主意了。

我们都是"理论的消费者"，因而应仔细审视与思考他人的理论、自己的理论与应用中的理论，深入理解自己选择背后的"为什么"。

- 评估他人的理论，重要的是原理是否对。
- 评估自己的理论，要看是不是真正经过有效思考而不是想当然，分析过程对不对，能否经得住他人严苛的挑战。
- 评估应用中的理论，应关注的是它和外在环境是否匹配、是否有弹性。

只要不迷信权威，有选取正确理论的鉴别力，并在采纳前仔细了解与理解，我们就不太容易被他人的理论蒙蔽。评估自己的理论和应用中的理论则对我们的思考提出更高的要求。

华为在发展期中曾在研发部门全面引进IBM公司的集成产品开发（IPD）流程，这帮助华为从早期的激情式、攻关式研发转化为系统研发，这个框架支撑它后来的长期发展与壮大。这套外来的“理论”在导入时引发很多反对意见，当时华为的做法是不允许改变IPD流程，所有人都必须“削足适履”。

华为主事者并非没有看到IBM的研发流程中有过度僵化的问题，但当时引入它要解决的是替华为建立研发框架，华为的决策者可能正是看到我们常犯的错误：采取实用主义路线，随机应变太多，容易学走样。

“削足适履”的强制机制因而变得必要，先复制整体上不错的体系，而僵化的问题留待之后再解决。在导入IPD上，华为清晰地知道自己的目标，通过有效的分析过程确定自己该如何行动。

索罗斯的“我改主意了”和华为的“削足适履”，在应用中对理论态度截然相反，却都是对的，是因环境不同而做出的改变。

因应环境的变化，需要的是对环境的认知和尊重。在企业管理中，应用中的理论最困难的部分可能是如何保证结构与制度的可延展性，因为结构影响长远，制度不能频繁改动。华为导入集成产品开发就是引入新的研发结构，支撑公司收入从几十亿达到上千亿的规模。

华为初期削足适履，而不是根据当时的情况加以变通，是为了保证系统之后能支撑大规模发展，确保可延展性。关于结构的可延展性，柳传志曾有个很形象的说法，一头小猪在骨架子没长大以前，就喂精饲料，喂得滚圆，再长也就这么大个了。

有意识地持久反思与学习

提升能力有很多路径：一种路径是像在学校里一样通过集中学习掌握一门新技能，这项技能可能已经被开发成标准课程，比如通过实际项目的历练来提升能力。上课学习是所有人都会的、常采用的，但只适合从新手到入门。在实践中学习是见效最快的，但它需要机缘，我们并不能总有机会在实际项目中学习此项目所需的技能。

因而有一种能力提升路径非常重要，就是有意识地持久反思与学习。它的特点是在工作中通过反思学习，掌握新的技能并形成自己的体系，以取得突破性进展。

- 在工作中学习，是把当前之事看作有双重意义：一是完成它本身应达成的目标；二是视过程为学习经历。
- 掌握新的技能，指在此过程中获得与过程不直接相关，而对未来有价值的技能。
- 取得突破，指学习的过程是突破能力边界，而非巩固现有能力，这里已视现有能力为局限了。

并不是所有人都有这样的学习愿望，很多人已失去主动学习的动力，每天只是在不停地重复自己。这种能力提升的前提是我们认为终生学习是一种生存状态，就像一位美国大法官的故事展示的那样：90岁的他在火炉前阅读，别人问他在做什么，他答道："我在锻炼思维能力。"当时他刚开始学习希腊语。

有意识地持久反思与学习有如下5个有效的方式。

方式之一：以文字方式记录指南与对比。

有意识地反思最基本也最重要的方式是，以文字的形式进行记录。一是把操作过程记录下来变成指南。检测它的方式是能否让其他人按指南重复操作，这种记录会让我们精细地复盘。二是以文本方式对广泛的实际案例进行横向比较，在细节的对比中加深认知。

人们常做的周、月、年总结，得失评估与反思也是以文字方式进行的，它们有价值，但只是做事的层面，而非学习的层面，这里看重的是为学习而撰写的指南与对比。

方式之二：形成自己的能力体系。

指南和对比是散点，形成体系则是把这些散点串成线。

多数人对"体系"一词的反应是，我能形成什么体系？这是因为我们接触的各种体系，都是名家大师们创造的。其实，终生学习过程就是不断地掌握各种新技能，形成体悟。不管我们是否意识到，我们都整合所有的体验形成了自己的能力组合。

形成体系是阶段性地回顾与规划，明确地规划自己的能力体系：整体架构是什么样，已经有了什么，未来还需要补什么，需要扔掉什么已失效的……

方式之三：创造自己的平台。

平台是能力提升的重要维度，且是常被忽视的维度。能力体系是内在的，平台是外在的。形象地说，拥有能力而不能自设平台的，是“才子”，而拥有能力又能自设平台的，是“实力派”。

最优秀的人都会自备发挥自己能量的空间，自己创造自己的平台。为自己发挥能量，我们需要搭建平台的能力，而不是困于无法施展的境地。

平台是一个庞大的议题，将平台列在此处，是为了特别强调创造自己的平台的重要性。这是因为很多人并不认为构建自己的平台或空间是必备的能力，而只是在寻找平台或抱怨没有合适的平台。

方式之四：从新手心态中获益。

到一定阶段时，我们会发现自己处于能力的高原期，不能提升甚至倒退，心理上也处于疲惫状态。这时，我们需要“新手心态”。

简单的方式是学习一门新的技艺，在学习新技艺的过程中真的变成新手，利用新手的优势和新鲜感进行对比和思考。

复杂的方式是强迫自己变成自己熟知领域的新手，忘掉已经掌握的一切。

对一些快速变化的技术领域来说，新技术的不断涌现让我们永远是新手，重要的是诚实地面对自己是新手这一事实。

成为新手会让我们重温一种感觉，也就是相信自己还可以学习新事物。

当然，把新手心态用在实际项目中时，我们不能因新手而降低标准，而应“像外行一样思考，像专家一样实践”。

方式之五：通过违背常规与尝试无知去突破。

能力提升的极限不是已知的，而是未知的。这是有的人到一定阶段往往显得云山雾罩、大讲顿悟的原因，但是顿悟是否有效却不可捉摸。

这里的建议是逆反常规，试验不靠谱的做法，甚至完全否定基本常识与假设，看看可以得到什么。

尝试以外人的视角进行观察和思考，尝试把关注点落到寻找“未知的未知”领域。按前面引述的犹太人的区分法，我们面对的四块认知区域是：已知的已知、已知的未知、未知的已知、未知的未知，其中未知的未知是我们最陌生的区域。

虽然讨论了较多的理论和认知，但我们必须强调，实践是最重要的学习方法。学的过程，通常并不是在已经有了认知的情况下通过实践去证实与实现，而是让认知在实践过程中去生长和形成。

通过生活发现身与心的关联

我们都熟练地掌握了“心不在焉的技巧”，以至于回顾时有些事似乎没有做过、没发生过，我们失去了体会精妙事物的能力。

哈佛大学心理学教授、画家埃伦·兰格专门研究这种心不在焉，倡导专注力的价值。在她对自己作为画家的创作体会进行分析的《学学艺术家的减法创意》一书中，她把专注力和“个人的文艺复兴”联系起来，认为通过专注，我们可以过有创意、有目的与投入的生活。

埃伦·兰格期望生活和工作中能有“mindful creativity”，这个词可译为“专注的创作”，也可译为“用心的创意”。

专注，从字面上讲是经过思考。心不在焉就是对眼前的世界失去知觉，而专注力则是能够看到新鲜事物。她写道：“若心不在焉，行为便会受规则与惯例主宰，我们的领悟力会变得迟钝，进而忽略细微变化。专注其实只是留意新事物的过程，也就是看到被视为不同事物之间的相似之处，以及被视为相似事物之间的差异。”

要变得专注，我们先要做的是从“刺激－反应”变成“刺激－思考－反应”，能够有意识地观察到自己的念头在变动，“为什么这样做”或“为什么不这样做”，用《金刚经》中的话来说就是做到“念起即觉”。

思考不是太多人的追求，大多数人追求的是快乐，但问题是，没有思考，就没有快乐。埃伦·兰格认为：“有太多时候，我们看不到、听不到、品味不到，也体验不到让枯燥孤单的生活变得丰富刺激的事物。我们不经意地放弃创作的潜力，过封闭的生活，让单调成为常规。”

艺术家和我们最大的不同，就是他们成人后仍能敏感地感受世界，正如毕加索所说：“每个孩子都是艺术家，问题在于如何让他长大后仍是艺术家。”艺术家也因而能帮我们发现新事物，埃伦·兰格写道：“艺术家的任务就是通过美术、音乐或文学，向我们展示只有从他们的角度才能看到、感受到或了解到的东西。”

工作也可以是创作，工作中也可以充满创意。要过有创意的生活，从工作中找到创作的乐趣，对大多数人来说可能比学艺术创作重要且快捷得多，因为一天中的多数时间要么是在工作，要么是围绕着工作展开。对于每天的工作，或者其他那些必须做的事情，我们经常犯的错误就是，“将无数潜在的乐趣弃置一旁，却又抱怨这一切很无聊”。

我们应专注地投入工作，发现新鲜之处，从中获得乐趣。

埃伦·兰格关于专注力的分析，是通过她的经历、研究和思考帮我们看到视为惯常的事物，这些所谓的规则、惯例与思考模式，在她看来正是创意生活的绊脚石。她列了6种绊脚石：担心他人的评价，害怕犯错，相信有绝对的规则，受限与他人的比较，认为自己没有天赋，已知的事物造成的盲点。踢开这些绊脚石，说到根本，就是要用自己的眼睛和心灵去发现，用自己的行动去体验与创造。

受限于外界他人的赞扬或批评，或受限于心中相信一定有绝对的规则，都会让我们失去创意能力。他人的赞扬或批评，为什么一定就是对的呢？评价通常把事物压成平面，失去细节。当我们处于“他人”的角色时，我们要的做是区别事物，而不是评价，“用心留意新事物是专注，但给予它们单一的绝对评价，毫不怀疑，则是心不在焉”。

埃伦·兰格给我们开了一扇窗，它不复杂，却是我们多数人见而未见之事。她说：“我们所在之处便是我们从未到过之处。”

有声有色的生活

管理思想家汤姆·彼得斯非常有激情，他常用的与激情联系起来的词汇是“WOW”，用这个象声词来表达惊叹。在一本书中，他以“Live out loud”（“活得轰轰烈烈”，也译“有声有色的生活”）为一章的标题，从较为个人的角度阐释了激情。

创意是创造性地解决问题，也是把观念变成现实。这中间的关键载体是每个“我”，个体的状态决定创意的成果。这就是为什么创意需要较多地采用个人视角，这也是为什么“活得有声有色”值得希望有创意的我们关注。

有声有色的生活可以指我们在举手投足、亲身感受中获得创意灵感。现代社会中的我们依靠各类媒介获得认知，但又往往发现，在步行、手工、享受中，我们与自己接近、与世界接近，获得最有价值的灵感。

有声有色的生活也可以指我们专注地、用心去思考要应对的问题，这可能是安静的，但其实内心充满激情，如上文一直在讨论的“用心的创意”。由此，有声有色的生活便是激情、体验与用心。

我们应面对自己，清醒地、有意识地、专注地生活与创意。

[第九章]

面对他人：创意领导之道

是否轻易妄下断语决定你是创意人，还是乌合之众。

——李欣频

面对他人，主要就是关注其在创意领域中的领导之道。

在创意领域讨论领导力，第一反应是可能不太合适。因为很多人认为，有创意的人不需要领导，试图领导创意工作者，就像把针对工厂工人的“科学管理”用在知识工作者身上一样不合适，只会起反效果。但是，只要关注的是一群人正在一起做事时，领导力又是无法绕过的议题。

创意的领导应该是什么样

回顾是找寻未来的有效方式，讨论创意的领导，我们可从历史中去寻觅线索。

工作中的人有这样几种原型：生产线上的工人、办公室里的经理、凭借知识技能发挥作用的知识工作者和现在以创意能量创造价值的创意工作者。这几种原型是逐步递进的过程，创意工作者正成为主流。

泰勒的科学管理面对的是工人，怀特的“组织人”则是办公室里的经理们的最佳素描，现有各种管理理论也主要面对这个人群。管理大师德鲁克跨越两个阶段，他先是参与定义了经理与管理的角色，后期又成为知识经济与知识工作者的鼓吹者。

虽然管理学界依然缺少对创意领导、创意管理的系统性描述，但我们仍可以从管理学经典中找到一些启发。比如，领导力大师约翰·科特对比管理与领导界定了领导的职能，指出，“领导的职能是进行变革”。创意的领导，从科特这个界定中也可以找到不少启发与联结，比如变革与不可能的结果就视为是关联的，变革强调改变现状，不可能的结果则更强调未来。

创意领导之难，还在于多个方面发生了变化，传统的管理看似适用又不怎么适用。

> 第一，目标发生了变化。创意的目标是无中生有，创造不可能的结果或创造投入小、产出大的结果。传统领导力的目标是做正确的事，管理是正确地做事。
>
> 第二，途径与方式发生了变化。创意是发挥人脑中的潜能，释放组织系统的创意能量，并将之凝聚到创意“作品”

中。怎样发挥人、组织、系统的创意潜能，是全新的议题。

第三，人也发生了变化，创意人无法按他人的指令工作，个人创意能量的发挥受到很多情绪因素的影响。曾经有玩笑说，对于工人，管理的假设是带手就好了。对于知识工作者，我们强调的是专业化。对于创意工作者，把感情藏起来的专业化开始变得没那么有效。

第四，创意过程的保证与成果的评估，没有好的办法。相比而言，对于知识工作者、经理人的工作支持和成果评估，已经有了较为成熟的实践。

我们在这里试图先找到几个理解创意领导的关键线索，并分别对之进行探讨。

- 创意不需要天才，但创意领导可能必须部分回归天才的魅力。我们看到，世界级的团队多是由真正的创意天才领导的。
- 架构的艺术变得重要，需要有创意地处理怎么整体规划与设计、怎样划分模块与分工等。
- 环境的培育也是重点，领导者需要为创意的激发培育好的氛围。

创意的领导：寻找“天才”

领导，首先要面对的是人之事，创意的领导更是关于人的，或者说是关于“天才”的。对天才的定义有很多，这里秉承的基本假设是，每个人都有自己独特的堪称天才的领域。创意的领导就是寻找天才，可细分为如下四项任务。

寻找创意领导者。创意和其他很多领域不同，杰出的创意团队都是由创意天才领导的，这是因为创意之核是头脑中最杰出的想法，最内核的部分往往源自极少数人。如果创意团队的领导者正好是这个人，那是最理想的状况。否则，他的最重要任务就是找到这样的人，为他们塑造适合创意的环境。为区别于团队领导者，这个人可被称为创意领导者。这其实也正是传统领导者发挥价值的方式，找到更优秀的人，一起创造超出自己能力范围的成果。

组建极小团队。创意团队应该是由很少的人组成的，要做到尽可能小。我们常为各种目的组建人数庞大的团队：比如为了多样性，不同类型的人会给创意带来多样性；比如为了适应工作量或完成复杂的任务，需要很多人手；比如为了完备性，期望有一个全功能团队；比如为了鼓励参与，邀请很多人参与。但是权衡利弊，这些目的可以用其他手段解决，而不是扩大核心创意团队的人数，因为人数不是创意的资源，反而可能是创意的负担与障碍。创意团队只应包括不可或缺之人，最小规模团队可以是团队领导者加创意领导者的二人组合。

奉行大树主义。大树主义的含义是，创意团队的每个成员都是大树或能成长为大树，有着对创意任务极具价值的比较优势。如果他不是大树，不能独当一面，那么他根本就不应是团队一员。大树主义的另一重含义是，应重点关注每个人的优势而不是劣势，优势才是他给整体团队带来价值的部分。团队人数少加上大树主义带来的好结果是，只做真正重要的事，每件重要的事都有独当一面的大树，而不会出现由于人多导致各种不重要的事纷纷被列入日程表的情形。

重视快速前进与一起成长。创意团队的特征是，事快速前进，人一起成长，最终获得非同一般的成果。重视快速前进与一起成长，是因为创意任务和其他任务不同：在启动创意任务之时，我们知道这群人有某种潜能，而结束之时，我们才知道这群人的创意能量究竟是什么。能力是在这个过程中生长起来、激发出来和被发现的。重视快速前进与一起成长，是创意领导者在履行培育“天才”的任务。

是笨人，还是聪明人？

与你共事的人、你管理的团队、你的合作伙伴，你认为他们是笨人，还是聪明人？这是个事关重大的判断。如果你认为他们是聪明的，则多半会选择激发潜能，若相反，则多半会选择指挥与引领。

这个问题注定像人性本善本恶那样没有标准答案，因为本质上这是个信念问题。人对自身的判断也一样有争议，但我们多半倾向于认为自己有潜能，95%的人认为自己属于潜能最高的5%。

但是，如果目标是创意成果，那么我们应相信人是充满智慧的。有个叫池本的教授讲他女儿的故事：“7岁的女儿问我的工作是什么。我说我在大学里教人画画。她怀疑地瞪着我说：‘你是说他们忘记了？’毕加索说过类似的话：‘每个孩子都是艺术家，问题在于如何让他长大后仍是艺术家。’长大后他们忘记了，这差不多是我们能接受的判断底线了。”

对人的这个本质判断多半只是我们在心中思索，在组织中，我们多是用外在的东西判断，是用成就和乐趣来判断：从结果看，是不是有成果；从过程看，是不是感到快乐。成就和乐趣是组织的创意之源。

追根究底，成就和乐趣这两者都是源于人本身的智慧。让组织有创意，任务就是激发人的智慧。换个角度看，很多时候我们会惊奇地发现，我们在工作场合认识的人，在他的私人时间完全不一样，他可能特别有创意且充满乐趣。

相信人本质上是智慧的，并不是不关注、不区分人的不同特质，更不是推卸把单个的人组织成为更持久、更智慧、更强大的创意团队的责任。对人的智能有多种分类方法，如智商、情商之分，较为详尽全面的是教育学家霍华德·加德纳的“多元智能”分类方法，他认为人的智能分为7种：逻辑—数学智能、语言智能、音乐智能、身体运动智能、空间智能、人际智能、自我认识智能。单个的人甚少能在智能的所有方面都出众，也很难恰好具备相应的智能应对当时的困境，团队则通过人的互补、动态调整做到这一点。

有智慧的人也有不少共同点，最值得珍视的是这样一些：用心，无论看他们的过程还是成果，我们都看到他们是投入、专注的，也就是“用心”的；有意识，他们的行动是有意识的行动、了解为什么这样做而不是那样，即便是看似直觉的行动，事后也可以找到有趣的解释；了解规则，他们了解规则在何处，知道何时遵守规则、何时打破规则；愿意告别舒适区域，和所有人一样，他们也会贪恋舒适，但他们总在突破界限，在紧张、焦虑、困惑中寻找解决方案；保持好奇，这或许是最重要的，他们始终以新鲜的眼光看世界。

创意的领导：架构的艺术

人和事是领导职能要应对的两个方面。因要面对的是创意，故领导在如何管“事”上有不少独特的任务。管事的艺术是架构的艺术。架构的说法借自建筑，在今天已经被广泛应用，以建筑为参考可以看到创意领导关于管事的几项任务。

设想。建筑师首先要做的是设想，面对一片土地、一个需求和一系列限制条件，建筑师要做的是提出设想：要解决什么问题，用什么设想解决。这个设想要有足够的吸引力，有吸引力的设想才能赢得建筑设计权，有吸引力的设想才能聚集人才与资源，有吸引力的设想才能引出杰出的建筑。这在管理中对应的词可能是描绘愿景与设定目标。设想更符合创意的情境，创意工作者和建筑师的共通之处都是把以前不存在的想法具象化，推到人们面前。

架构。架构是一系列动作，从整体上设计建筑，从空间上规划布局与功能，从内部结构上设计建筑结构，从实现角度组织人员和建设过程。借用到创意上，架构是对事的架构：怎样设计事的结构，怎样划分成几个模块又有整体性，模块间怎样既保持独立又关联，怎样安排优先度和先后顺序，以及怎样架构能最大化发挥人的创意潜能。

过程质量。建筑师在两个层面都要确保过程质量，一是设计阶段，二是建设阶段。设计阶段是要确保各种细分部分的设计质量，并最终能组合成完整的设计，建筑师在这方面早已形成很强的实践规范。建设阶段可视为确保施工人员按图纸建设，这其实是极度简单化的说法，建设也是创意过程。创意往往很难清晰分成两个部分且每次都不一样，因而对于大型创意项目而言，这常常是难点，尤其当面对的是头脑中的想法时。怎么把想法变成可多人交互的中间作品是确保过程质量的重要切入点。

最终成果。建筑师的最终成果是地面上的建筑，杰出的建筑师一开始在头脑中就看到了建筑的真实存在，他们用语言和图形向众人描绘它，但最重要的是，建筑最终要真的出现在人们面前。创意的领导，不管是寻找天才、规划设计，如果最终成果没有达成，那一切都是虚空。创意不是提出不可能的想法，而是实现不可能的想法。创意领导的终极职能是确保创意成果的达成。

按这种讨论方式，架构看似只是一部分，其实它就是全部。建筑由部分组成，却无法分成部分来比较与评价。

因建筑模式语言而闻名于世的建筑师亚历山大写过这样一段

话："建筑和城市中的无名特质[①]不能建造，只能间接地由人们日常活动来产生，正如一朵花不能制造，而只能从种子中产生一样。"类似地，创意不能被建造，只能生长。

架构的艺术，存在于让种子到花的奇妙过程。

创意的领导：构建创意的氛围

构建创意的氛围是领导者的重要职责，它有时被视为创造谷歌一样游乐园般的办公环境，有时被认为应创造类似大学校园那样自由放任的科研氛围，但这两者都是美丽的误解。说它们是误解，是它们以"果"为"因"，这些外部环境可能是创意的成果而非原因。我们假设能以这样的氛围得到创意成果，却无法证明它们是创意成果的充分条件。

在当下热门的创意公司中找借鉴，最接近构建创意氛围本质的创意领导者可能是乔布斯：提出不可能的目标（真正吸引人之事），用最高标准要求，进行结果评估，并真正实现目标，得到最好的成果。

如果一位领导者创造了人人羡慕的创意环境，具备所有公认的创意氛围元素，但成果不佳，那说明他并没有真正塑造创意的氛围。

实际上，一个接一个的成功才是真正活跃有效的创意因子，

---

① 无名特质是一种无法用语言表述的品质，它是人、城市、建筑或荒野的生命与精神的根本准则，是一种永恒之道。——编者注

而毫无成果或连续失败会让那些创意氛围元素都失去光彩。人们可能在各种情况下产生创意，宽松的、严格的、自由的、规范的、敌意的、友好的，虽然我们认为某些氛围是有创意的，但只有从成果出发，才是构建创意氛围的最佳途径。

这符合每个人的体验，每个人最有创意的时期，多半不是因为环境如何，而是当时所做之事本身具有吸引力，也的确做出了成果。越是在事后观察，结果的重要性越超过氛围本身，如果氛围很好、结果不完美，我们事后会自然地降低评价，反之，如果结果完美，在回忆中当时的氛围会变得非常美好。

因此，从创意领导的角度看，构建创意的氛围最重要的是：

- 对事的设想，结果是不是极具吸引力？
- 对事的监督，是不是以高标准来监督过程的运转？
- 确保成果的达成，最终是否能达成惊人的成果？

唯有“事”才是创意氛围之本，其他的因素都视情况而定。比如，创意是需要严格的领导，还是宽松的领导？这很难有统一的答案，它取决于领导者个人的特质，也取决于团队的特质。有让人如沐春风的领导者，也有让团队成员在汇报进展时高度紧张的领导者。对这一问题只能这样回答：优秀的创意领导者往往对事的品质有着极致的要求。

有餐厅和健身房、到处有免费食物、可以带狗上班的办公室就是创意环境吗？格子间就是创意的敌人吗？这些并非重要的创意因子，否则不少公司起步时的破旧办公室或车库就不会被认为是创新的标志。团队成员和所做的事的想象空间远超过硬件的环境。

气氛紧张的团队氛围有助于创意，还是融洽的团队更有助于创意？或者说，创意领导者应该平息冲突，还是制造冲突？这个问题也不会有标准答案，只有根据具体情况，并从成果反推，才是评估团队氛围的途径。冲突与紧张有可能是建设性的冲突，把重大问题呈现出来。融洽既可能是一群智慧头脑相处无间的流畅创意状态，也可能是隐藏不满的表面和谐。

创意的领导还需要管理不少和人有关的其他问题，下面重点讨论两个：一是管理“专业的不满”，二是管理“批评”。

创意领导问题：专业的不满

“不满”是创意的重要驱动力。每当我们对自己说，“就这样吧”，创意的神奇立刻就消失了。创意工作者的不安，就是来自永恒的不满，往往片刻欣赏成果之美后，就被不满刺激、再次挣扎。不满的来源，有对更好成果、更完美作品的追求，有更大的视野、更高品位的挑战，也有来自新手和新环境的挑战。

这里我们要重点讨论的是“专业的不满”，即对专业领域的成效永远不满足，专业的不满是少数可以系统化发挥作用的不满。

专业分工是任何团队运转一段时间后的必然形态，各专业领域的负责人依靠自己或带领团队高质量完成任务是他们的基本职责，但是否承担“专业的不满”则很少被确认。

专业的不满，这一横向的不满和团队领导者纵向的不满形成互补。各类团队的常见情形是由团队领导者提出要求或质疑（提出不满），而专业领域负责人来应对与处理不满。领导者向下传递的“不满”是团队创意的系统化驱动力之一。但是，专业的不满常被忽视，而它也是系统化驱动力。

在现实中，团队大多是一个团队领导者加几个细分专业负责人这样的组成结构，这种结构中领导者拥有几乎所有的决定权。创意团队多是由几位职责不同的领导者组成的，其中最高领导者把专业领域的决定权分享出去。比如，电影不会是导演的独角戏，剧本作者、摄像指导、美术指导、重要演员分享着各自专业领域的决策权，他们各自对专业的不满驱动这一领域的创意成果，导演的职责之一是把这些专业领域融合凝聚成整体。

专业的不满需要单独提出来、被强调，是因为在多数团队里这样的专业权威都被有意无意地削弱了。削弱来自两个方向：一个是权威向领导者集中，这直接导致领导者承担更大的压力，要么自己成为全面的专家，要么自己想办法获取专业意见、了解到专业的不满、承担表达专业的不满的角色。

另一个则是在平级间被压制，横向的不满难以被表达出来。多数团队并不是像类似电影剧组这样的团队专业分工明晰，而是混合形态：一部分人为自己的细分目标负责，一部分人为自己的专业领域负责，两者多有交叉。麻烦的是，这种团队组织的力量区分是，前者是掌握决定权，也是需要为结果负责的实力派；后者即便是真正的世界级专家，如果过多表达专业的不满，则难免像指手画脚之人。

专业的不满非常重要，因为创意成果必须仰赖专业，激情、敬业、负责、智慧都不能替代专业的力量。因而专业的不满是领导者要应对的重要创意议题：

- 怎样找到真正的专家加入团队？怎样借用外部专家的力量？
- 怎样与专家分享创意权力？
- 怎样组成专家能发挥作用的团队？
- 怎样让创意的不满引发变革？
- 怎样把专业的不满和团队的整体目标融合？

当然，必须补充的是，绝大多数达到专家地位的人，都必然拥有自己独特的、无法改变之处，而这些可能是他们发挥作用的障碍。专家也常是易满足的群体，对自己的成果很满足，这使得他们的专业的不满很多时候需要被激发出来，同时被小心地保护与培育。这是我们需要预先了解的现实状况。

创意领导问题：批评

批评在创意中扮演什么样的角色？这绝对可以位列创意最微妙的问题之一。

如果你是有心的创意人，多半在这个问题上来回踌躇，不知道是否该“批评”，我们自己也常被人“批评”，不知如何应对。

心理学家和艺术家埃伦·兰格指出批评和评价的不足：评价通常把事物压成平面，失去细节。台湾广告创意人李欣频在《10堂量子创意课》一书中最有穿透力的观点，也是关于批评与评论的，她写道："是否轻易妄下断语决定你是创意人，还是乌合之众。"

从创意角度看，随意的批评乃是内心被限制的外部表现。

李欣频给自己的期许是："作为创意人，绝不轻易批评别人或是批评别人的作品。"她更举林怀民等台湾创意前辈们的例子，"他们对晚辈都只有全心鼓励与谆谆教导，几乎看不到他们在批评谁，因为他们眼中的世界是美的，他们总能看到人或事物最好的那一面，或是每个人尚未被发掘的潜能"。李欣频的后一句话则转而从有影响力的人的角度出发，说明前辈们为什么这么做，因为他们"绝不会轻易以自己有影响力的言论毁掉别人"。

矛盾的是，正如我们在专业的不满中讨论的，对创意来说，不断地提高标准、提高要求是基本的行动，如果没有对现状的不满、对更好的追求，创意就不能被称为创意。

有时，我们不得不承担对他人提高标准的职责，但这时我们就会担心，是不是在批评（或苛评）。

由于职责和追求所在，我们常不得不发出非常尖锐的声音，诸如"这个不太行，还要再改改"这样的委婉表达，或者类似"这个简直是垃圾"这种很尖锐的批评，或者是直接指手画脚说这个这么做、那么做会更好，不管做得怎样有技巧，批评甚至否定是不可避免的。

理想的情况是，创意工作者自己在不断主动地抬高标杆。我们有时也的确难以理解为什么有那么多人把评估权交给他人，而不是自己主动以高标准要求自己。不过，自行抬高标杆不是终极方案，因为他人有全然不同的经验，会从全新的视角提出批评。他人的观点并不是我们自己提高要求就可以取代的，他人的批评很重要。

也许，对于批评，我们应该给自己定的规则是，不轻易批评与断言，基于善意进行批评。不轻易断言很重要，因为创作和评论是截然不同的，比如要画下路边的树，我们要观察它几个小时，即使用摄影来创作也需要观察10分钟甚至更长时间，做出评论甚至都不用思考。未经思考和没有背景与前提的评论往往有问题。

从被批评者的视角看，要提升接受批评的能力。史玉柱说过这么一番话："老冒出来挑刺的反对派一般都招人嫌。我刚创业的时候，被人挑刺冒犯，嘴上不说，心里总不痛快。年头长了，渐渐体会反对派很多好处：一，反对派一般纯粹、简单；二，反对派从多数人的沉默和疏忽中挑毛病，话虽难听，往往有价值；三，挑刺是能力，发现不容易发现的问题，没理由不善待有这种能力的人。"

他这段话可以这样引申：创意人应掌握接纳批评的勇气、胸怀和能力。创意人应有能力从批评中寻找有价值的观点，但又需要强大到不被错误的批评影响。

创意需要领导。在与人有关的领域，不像技术主导的领域那样持续发生变化，其原因也许可以追溯到人们的行为受到几千年来人类群居和集体行动的影响，或者至少受到近百年来团队化协作的影响，因此众多的领导力理论仍然有着指导与启发的价值。

詹姆斯·库泽斯和巴里·波斯纳在《领导力》一书中提出了领导的5种行为的10个使命。

领导的5种行为是：以身作则、共启愿景、挑战现状、使众人行、激励人心。

5种行为又可再细分为10个使命：找到自己的声音、为他人做榜样、描绘愿景、感召其他人、获寻机会、试验与冒险、促进团结合作、使他人变得强大、承认他人的贡献、为价值实现和胜利而庆祝。

我们可以发现，这组领导行为和使命，在创意领域依然有效。

[第十章]

面对失败：创意就是应对失败的过程

不加思考地避免小失败，只是在为将来可能发生的大失败做准备。

——畑村洋太郎

创意很大程度上是关于失败的，失败是创意工作者要面对的核心议题之一。创意意味着面对未知，解决从未有答案的问题，意味着突破极限，创意的过程即是面对一个个失败的过程。

在创意的任何层面，失败都是非常重要的，无论是对个人而言的创造力，对组织与群体而言的创意，对公司而言的创新，还是对社会而言的制度力与美学。

通常而言，有工程背景的人更易于客观地应对失败，比如以文字写下一个判断，无法很快证明它的对与错；程序员写下一行代码，他很快会看到它的对与错。工程背景的人时刻在面对外部客观世界给的失败反馈，并持续经历磨砺。

不过，这种快速反馈主要是“小失败”，而非最终的大失败，大失败需要不同的机制。经受过并经受住大失败的磨砺是每个创意工作者的福分。在应对大失败上，工程人也有优势，因为他们对所在领域大失败的全面检讨、改进和引向新的革新远远超过其他领域。

应对失败，大体上有三方面的问题：一是整个组织怎么看待失败。能激发创意的组织通常是鼓励与包容失败的，但对失败有着明确标准，不会允许小失败被模糊处理甚至把补救过程当作成功去颂扬的情况发生。二是怎样寻找失败原因及是否将其转化为知识。只有明确承认失败，后续才可能带来真正有价值的、激发未来创意的、寻找失败原因的过程。这个过程是寻找组织上与技术上的原因，而非追究个体责任。三是关于未来，下一步怎么行动。每个小失败后下一步的行动都是创意的岔路口。

穿越英特尔旋转门

面对失败，绝不仅仅是“失败是成功之母”一句话可以轻松应付的，也不是人的“态度”或“意愿”那么简单。著名历史学家黄仁宇称他的《万历十五年》是“历史上一部失败的总记录”，他要说明的是，中国两千年的封建社会，以道德代替法制，至明代而极，是一切问题的症结。因此，在整个社会层面，我们要防止将一切归于道德的习惯性谬误。在组织层面，道德的对应物可能是意愿，要努力规避把一切归于“态度”或“意愿”的倾向。

在创意管理中应对失败，在组织上寻求解决之道。

1985年，英特尔陷于困境，用安迪·格鲁夫的话说就是“在死亡的幽谷中徘徊”。一天，格鲁夫与当时的董事长、CEO戈登·摩尔在办公室里讨论他们面对的困境，他问摩尔：“如果我们下台，另选一位新CEO，你认为他会采取什么行动？”摩尔回答说：“他会放弃存储器生意。”格鲁夫说：“你我为什么不走出这扇门，然后回来自己动手？”

“走出门，再回来”是个极具象征性的行动，它因格鲁夫多次讲述而广为人知。格鲁夫在自传《只有偏执狂才能生存》一书中详细记述了这个转折。

如何应对失败，“英特尔旋转门”值得被反复提及：抛开所有的负累，像新手一样做出抉择。理智上，我们都知道所有过去的都是“沉没成本”，但情感上，撇开它的影响需要特别的努力。

英特尔旋转门的适用场景，一是面对大失败，二是面对组织中的定期项目评估。定期项目评估，通常不是有明确的失败要应对，而是通过组织机制让所有人有一个“创意的停顿”。

停下来，设想如果换成新人会如何做：有没有比现在更好、更妙的做法？他们会终止其中一些项目吗？会对项目进行方向性调整吗？它迫使人直面潜在的失败。当然，多数时候，是领导者充任铁面审判官，动用权威力量让整个团队看到并面对失败，有时候也是他在痛苦抉择。

除了组织，个人也应当具有“走出门，再回来”的决断力，把选择权抓到自己手中，像旁观者一样客观地观察、判断、选择，不带感情色彩，以事物本来的面目看待它。

阶段性的疏离，往往激发创意，把意外的选择摆到我们面前。王国维在《人间词话》中说："有有我之境，有无我之境。"有我，是把自己放进景物之中；无我，是自己没有参与其中。有我是专注，无我是客观。英特尔旋转门是一扇让人在两者之间穿行的门。

我们这里并不是说穿过旋转门很容易，它可能很难，甚至非常难。商业界，我们看到太多变化只有在领导者和几乎整个团队被替换之后才可能发生，只有新人才能抛弃所有的历史负累做出艰难决定。

但不管怎样，我们应知道有这么一扇门，是掌握主动、应对潜在失败的开始。

承认失败的秘诀

组织天然都是反失败的，因为一群人聚集在一起工作从不是为了"失败"。组织这种规避失败的天性和创意管理所说的在组织中创造性地解决问题所必然遭遇的一系列失败形成冲突。其中的关节点就是是否"承认失败"。

日本东京大学工学部教授畑村洋太郎在《失败学》一书中让我们深刻理解了这句话："不加思考地避免小失败，只是在为将来可能发生的大失败做准备。"只有避免大失败这个组织天性，才能击败避免小失败这个组织天性。

从组织角度讲，承认失败和三个机制息息相关。

- 预估机制：对成功或失败的期望预估，设定合理的期望。
- 信息机制：失败信息的传递比成功信息的传递要难很多倍，要设定机制让失败信息、反思信息及从失败中总结出的知识能有效传递。
- 奖罚机制：怎样让“必要的失败”不会受到过度惩罚。

从根本上讲，虽然规模越大的组织承受失败的能力越强，却越不可能容忍失败：面对大庭广众、在聚光灯下承认失败，对任何人都很难。

远离中心的、紧密的小团队承认失败则相对容易得多。这类团队通常能很容易培育出创意小生态来。大家熟悉彼此的习惯与个性，“我做砸了”能说得出口，而听者熟悉情形，也理解导致失败的缘由。紧密合作的团队不会允许出现等着别人失败看笑话或对他人的事漠不关心、不加支持的大组织病。小组织内部信息传递快，信息发生变异的可能性小。远离聚光灯，对失败的容忍度相应提高，不用过分小心谨慎，有的团队领导者甚至利用环境包庇失败者：失败的项目可以悄悄地被结束，从头来过。

这大概就是很多优秀新产品是由所谓“臭鼬工厂”这样的团队完成的原因，它有大组织做依靠，又胜在自己被疏离、被隔离了。

被疏离、被隔离的团队，对组织中的其他人来说，也是解脱，他们不必天天看到这个团队的小失败，不必天天忍受它们的与众不同。如果这个团队真的搞砸了，这个独立的团队会独自承担失败的责任。说得更残酷一点，在这种情形下，大组织的领导者最终要做的，只是想办法从沉船中救起那些真正有才华的人，而团队则可以被弃掉。

除了在资源密集的领域，多数时候隔离法是大组织营造创新环境的有效方法，它既利用了大组织的优势，又具有相对丰富的小生态。

隔离法是明确预估失败的可能性，在小生态环境中优化信息传递，并通过削弱对小失败的奖罚而把奖惩延迟到最终结果出现之时。

解散持续失败的团队

如果以非常严厉又客观的视角观察，我们经常会看到，在各类公司或其他大型组织中，有些团队持续失败，经常败得士气全无、暮气沉沉。

最坏的情形可能是团队中所有的人都已经换过，却无法逆转屡战屡败的命运。这类团队还存在，多数时候是因为它担负着战略重任。就像攻打要塞一样，不管已经有多少支队伍覆灭，还是必须进攻（或防守）。

有时，“不能放弃”的想法，抑或团队内部滋生的自我延续惯性已掩盖了战略目标。很多时候，即使所有人都断言放弃不可行，也要彻底放弃，但这种预先断言是错的。我们曾讨论过，要创意地解决问题，就要永远思考那些被断言为“不可能”的可能性。

在人员管理中，有“寡妇岗位”的说法，有些设计不合理的岗位，不论谁做，都必定会落败。应对方法是，如果一个岗位连续让两个以上的人落败，则应考虑彻底废除。

对于持续失败的团队，其实应采取同样的做法，怀着慈悲心解散团队，竭力保留人才，并确保之后绝不再以同一方式重建这一任务团队。

对持续失败团队的解决，关乎事与人两个层面。对事的层面，即战略的层面，再有战略意义的任务，如果一再失败，唯一路径是彻底停掉、深入反思、避免重蹈覆辙。对人的层面，应怀着慈悲心解散团队，以避免团队成员在反复失败中丧失所有自信，竭尽所能保留团队中的人才。有句话，“对人要有感情，对事要有理性”，非常适合此处。

解散失败的团队，之后的问题就是怎样看待“事”，怎样看待“人”。

怎样保留持续失败团队中的人才是非常复杂的议题，不过有一点可以确认：团队持续失败，极少是因为人的能力不足，他们不应因此被否定。换个角度说，他们是经历过失败磨炼的人才。一般而言，团队失败有四种原因：前两者是外部原因——目标不合理，外部环境不匹配；后两者是领导者的原因——团队领导者能力不足，团队架构设置不合理。

对事的部分，我们应深入反思：任何持续失败，都该得到最坦诚、最深入的分析，这一点光靠“创意”或“情感”是解决不了的，需要用理性来对抗避谈失败的情感倾向。反思之后，我们才可以接着追问：这件具有战略意义的要事，该如何继续做？

创意地应对“失败”这个大主题，也涉及创意的另一核心，即“创意的空间”。唯有承认失败、结束失败，才能为事和人腾出新的空间。在解散持续失败团队的念头出现之后，我们就可能惊奇地发现新的可能在瞬间展开。

面向未来的撤退

创意是面向未知的空间，失败与创意天然相随，这是创意工作者要面对的核心议题。面对小失败，“屡败屡战”是必要的过程；然而对可能会出现的大失败，却不能同样对待。

从中短期看，应对大失败其实只有一个选择，就是撤退。以战争作类比，不这样做的结果是彻底瘫痪、溃败，甚至被“消灭”。当然，在商业环境或创意过程中，陷入大失败者多半不是被对手消灭，而是被时间消耗。

第二次世界大战中，英国首相丘吉尔主导了敦刻尔克大撤退，事后证明那是英国和盟军解放欧洲的最关键决策之一。

1940年5月10日清晨，德军绕过法国人自认为固若金汤的马奇诺防线后，进入荷兰、比利时、卢森堡、法国等国，并以迅猛之势横扫法国，直驱英吉利海峡，40万英法联军集中向敦刻尔克撤退。丘吉尔动用所有舰船力量，将几十万英法联军（主要是法军）从海路撤走，放弃大量坦克和大炮。英国皇家空军因而被蔑称为“Run Away Fast”（逃得快）。

但是，敦刻尔克大撤退让英国保存了有生力量，退回到英伦三岛并利用英吉利海峡作为巨大的战防壕，希特勒在欧洲大陆上的“决定性战略胜利不再具有决定性”（语出英国军事战略家李德·哈特）。

老子《道德经》有言，“坚强者，死之徒；柔弱者，生之徒”。面对大失败的撤退，要保存力量，正如中国俗语说“留得青山在，不怕没柴烧”，更要保存精神力量。有人在讨论战争时比喻说，物质的力量只是一个“木质的刀柄”，而精神的力量才是“闪亮的刀锋”。在创意的议题下讨论大失败，保留精神的力量尤其重要，因为精神和心理因素可以说是创意工作者“闪亮的刀锋”。

克劳塞维茨在《战争论》中有短短一章讨论会战失败后的退却，这是难得一见的专门讨论怎么处理战争失败和退却的文献。他认为，（在一次输掉的会战中）精神方面的损失程度更大于物质方面，除非有新的有利环境出现，否则再开始第二次会战只会导致失败，甚至全军覆没。

克劳塞维茨的退却之道将重点放在精神方面，他写道：“尤其重要的是，一切足以增强我方精神力量的行动都是绝对需要的，例如缓慢地撤退、猛烈地抵抗和当敌人企图获得任何过分的利益时，应对其做出的英勇果敢的反击。”

他确立的退却原则是“不要让我们的行动受到敌人的支配”，否则会导致精神力量的消失，最终演变成“拼命地奔逃”。

敦刻尔克大撤退或克劳塞维茨所论述的会战失败后为保存精神力量的撤退，最终的指向都是赢得整场战争的胜利。

创意资料：

请备好“橡皮擦”

“没有橡皮擦你就无法生存。”创意工作者大多备有橡皮擦，因为随时要修改。管理学家汤姆·彼得斯口中的橡皮擦，则不是用于小修小改，而是用于彻底清除。在电脑普及之后他的说法也变了，变成一条“毁灭性的命令”——“删除一切”。彼得斯强调的是，要有创意，先要遗忘。经济学家凯恩斯曾说：“世上最难的事情不是让人们接受新思想，而是使他们忘却旧观念。”

到现在，亚马逊还很少被认为是酷公司，但其实它和苹果一样有创意、非常酷。过去十年，苹果用iPod、iPhone和iPad三个产品，以近乎一致的方式改变了三个行业。亚马逊则被视为就是卖书的，但在过去十多年中，它像有健忘症一样遗忘过去的经验，不断创造全新模式：它的起点是图书和百货电子商务，之后把仓储、物流、技术服务出售给其他商家，继而是把服务器资源出租给第三方，掀起云计算浪潮，这两年来则是用Kindle“攻击”自己的纸质图书业务。亚马逊有创意，并且能将之实现，现在这四个业务都非常成功。

亚马逊善于遗忘，忘记自己过去的成功经验；敢于破坏，把自己的核心能力提供给他人；勇于竞争，率先发展可能吞噬自己的新业务。汤姆·彼得斯自称是“破坏狂”，而亚马逊的创始人、CEO杰夫·贝佐斯可能是当下全球商业界最成功的“破坏狂”，特别是他能以如此冷静、理性的方式破坏与新建。“基业长青”是前些年很流行的说法，但另有人研究美国1000家公司40年的经营资料发现，没有一家能长期占领市场，时间越久越如此。亚马逊的遗忘与自噬，可能反而是长久之道。

汤姆·彼得斯曾经提供过一个“遗忘”指南，现在看，它还不需要被遗忘：

不要犹豫！

不要考虑惊人的发现！

不要考虑细节！

不要考虑钱、钱、钱！

不要考虑资源！

忘记失败！

忘记规则！

不要考虑得体！

忘记专业化！

不要考虑平衡！

不要考虑意见一致！

不要考虑对与错！

汤姆·彼得斯说，创新就是有计划地遗忘，创新就是策略性地遗忘。是的，我们要善于遗忘，我们要策略性地忘记经验，忘记成功，忘记失败，忘记束缚，每次以一张白纸开始思考要应对的问题。

面对大失败的应变

应对大失败之难，还有一个重要原因是，没有人一开始是为大失败而出征的，出发点都是为了获胜。因此，没人会为失败做好准备。因而面对大失败的过程，多是一个不断“应变”的过程。

颠覆性的创意，甚少是有清晰准确的预知，然后去实现，多是像哥伦布发现美洲或麦哲伦首次环球航行那样，拿着错误的“地图”，实现伟大的目标。

麦哲伦说服西班牙国王支持他环球航行的理论其实是基于错误的认知。他和天文学家法莱鲁设计的航路不对，计算的经纬度是杜撰的，他设想中的海峡（后来被称为麦哲伦海峡）和实际不符，他们慷慨激昂描绘的一切大多是错误的。

麦哲伦带着含混不清的环球航行梦想、5艘船和265位勇士出发，最后在成功在望、即将回到欧洲前丧生，只有18人和一条破船返航。但几百年后看，麦哲伦开创了新纪元，他完成了人类首次环球航行。

如果为大失败做好准备，我们就再也不会出发了；如果没有过程中的对小失败和大失败的应变，我们无法达到目标。

古希腊人色诺芬所著的《长征记》可能是关于应变的经典记

述，全书几乎都是关于人如何积极应对想不到的局面。

色诺芬是苏格拉底的学生，他在公元前400年参加一支希腊雇佣军队伍，跟随小居鲁士为夺取波斯王位进行远征。小居鲁士阵亡，所有首领都被对手在谈判中杀害，跟随小居鲁士长征的波斯人也背叛了他们。于是色诺芬率领陷入绝境的希腊大军冲破围追堵截，安全回到希腊。他被赞誉“永远足智多谋，以新的战术应对新的情况，从不落于常规的羁绊”。

在首领们被杀之后，士兵们陷入绝望，“精神沮丧……他们在悲伤中想念他们的故土和父母妻子，认为再也不能见到他们了”。

既不是将官，也非队长或士兵的色诺芬，被推选为首领，重整队伍，安排烧毁车辆，扔掉辎重，严肃军纪，他说：“凡是想再见到你的朋友的人，要记住做一个勇敢的人，因为只有这样才能达到目的。”

之后，虽然遇到几倍的敌人极力阻截，但是色诺芬带着队伍安全退军，对每一个情况都以学者和思想家的精神去分析、反思，以将军的方式行动。

当他们到达海岸时，士兵们都渴望摆脱苦役，躺在船上到达希腊。但色诺芬没有让队伍一下子泄气，他做好了所有的准备，在去找船的等待期间继续劫掠给养。在没有找到足够船的情况下，他让病号和老人上船，自己带着队伍继续沿陆路离开。

他消除内部分裂的风险，打消士兵的疑虑，击败途中的敌人，和似敌似友的人周旋，最终回到希腊。一位现代军事研究者评价色诺芬说：“是他向世人讲述退师战术应该是怎样的。”

当年轻的学者色诺芬启程时，他没有做好失败的准备，也没有做好胜利的准备，却在退军的过程中成为伟大的战略家。所有的颠覆性创意过程也大抵如此，创意就是应变的过程。

大失败是自我调节机制

大失败也是组织的一种最重要的自我调节机制。当组织中的能量已经积累到无人能应对时，大失败或崩溃就是最自然的应对。

大自然中的万物是这样的，由人组成的组织也是如此。我们不停地往一堆沙子的顶端倒入沙子，开始一切很平静，沙堆越来越高，最终在某个节点，沙堆整体崩塌。

很少有人能主动应对大失败，更不用说创意地应对。它其实更是一个关于接受的问题，一个关于复原的问题。

NASA（美国国家航空航天局）至今仍是世界上最强大的航天机构。1986年，它经历了最惨重的失败，数亿人在电视直播中看着“挑战者号”和几名宇航员消失在一团火中。“挑战者号”失事被详细研究，物理学家费曼发现了“O”形圈的问题。更根本的问题是，当时经历几十年的持久成功之后，NASA内部的组织变得极度单一、傲慢、僵化。随后，工程的问题和组织的问题被找出，问题被解决，这延长了NASA的生命，但痼疾并未根治。十多年后的2003年，“哥伦比亚”号在返回大气层时爆炸。然后，又继续经历分析、反思、改进的过程。现在再来看，我们发现马斯克、贝佐斯这样的民间航天力量能够以更低的成本实现航天，把NASA远远甩在后面。NASA再次面临“大失败”。

失败的可能性会被降低，同样的错误不会再犯，但我们永远不能彻底预知和防止失败。人类正是在失败中演进的。反过来说，如果我们竭力不允许每一个失败调节机制生效，避免每一个失败，结果反而可能更危险，因为风险在酝酿、积蓄、放大，最后可能积累成难以承受的更大的失败。

有些转向只能由失败来警醒和驱动。有时，在仍可以承担的时候，故意早失败，可能是有创意的方式。

大失败难以避免，是天然的调节机制。后续要做相关的两件事：（1）对失败根本原因深入分析、反思，根治导致失败的系统性问题；（2）从失败中复原，而不是陷入“祸不单行”的连续灾祸状态。

中国人的心理因素里面，近百年来最欠缺的可能是分析与反思。我们的思路中有向前看，有摸索着前进，但少有对失败的反思及相应的调整。

国际知名学者余英时对中国传统的一段看法可能部分道出了中国人缺乏反思与调整的原因，他在《中国近代思想史上的激进与保守》中写道：“中国的思想主流要求我们彻底和传统决裂，因此我们对文化传统只是一味地‘批判’，而极少‘同情地了解’，甚至把传统当作一种客观对象加以冷静地研究，我们也没有真正做到。这是西方‘为知识而知识’的科学精神，却始终与中国知识分子无缘。”

他这段论述有三个关键词，是反思大失败和从中复原的关键：“基本系统”，是否有一个可反思、改进的基础；“同情地了解”，不带先入之见地去看待；“科学精神”，目的是探究事物背后的真正机制。

创意是关于失败的：我们怎么看待失败？我们怎么应对失败？我们怎么看待大失败？我们怎么应变？怎么退师？

没有失败，就没有创意；没有对失败的应对，就没有杰出的创意。

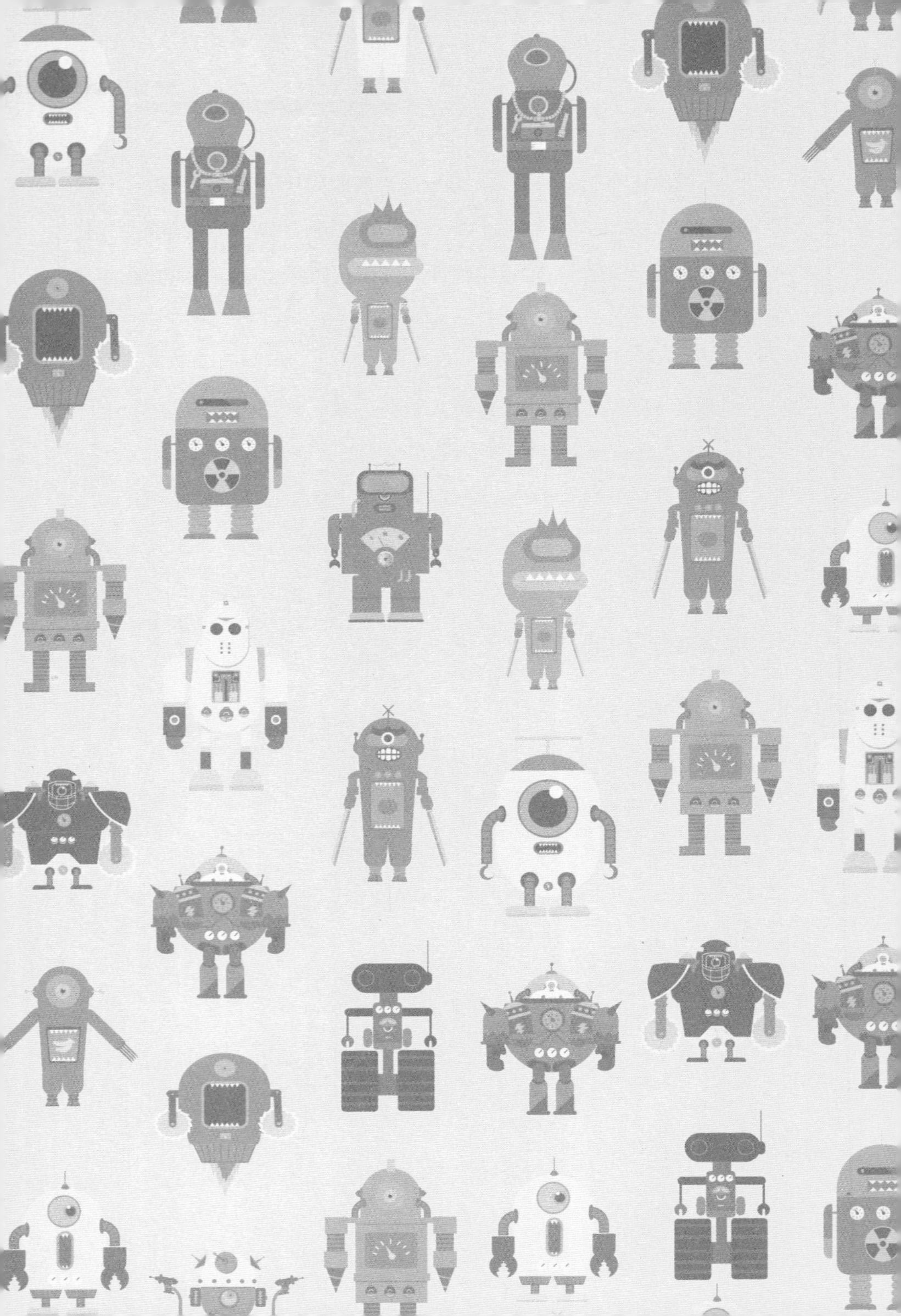

第十一章

创意管理“五力”

工艺之美就是实用之美，所有的美都产生于服务之心。

——柳宗悦

我们一直以非常理性的方式，或者说最不创意的方式探讨创意，这是对流行的神秘化、文艺化谈论创意的对抗。唯有消除创意的神秘感，人、组织和社会才能有创意。创意就是解决问题，就是构建体系。

在前面的各章中，我们探讨了创意群体、创意管理四要素、创意管理工具箱和创意思考的技术。在最后，我们以“创意管理五力”为这一讨论做个总结：

- 创意架构力
- 创意美学力

- 创意故事力
- 创意行动力
- 创意脉络力

创意架构力

在和创意最关联的词汇中，“跳出盒子”是常被说起的一个，创意常被等同于意料之外。创意管理的特点和创意一样，事先没人知道何种方法有效，没人知道创意成果的最终形态是什么样的，但当它最终呈现出来时，几乎所有人都能看出来，“我们做到了”。

但是，如果我们因此放弃对创意结构或架构的追寻，那会对我们的创意能力造成巨大的伤害。即便认同“跳出盒子”的说法，我们也需要知道束缚我们的盒子是什么，并且认识到，也不是随便地自由跳跃，我们就可达到跳出盒子的目标。

公司战略是商业领域里最具创意性的任务，在实践中，有一系列不断发展的架构帮我们更好地分析战略。战略方面影响面最广的分析框架是“五力”竞争力模型和波士顿业务矩阵。随着技术在商业中占据主导地位，克里斯坦森“破坏性创新”或许将成为新的基本战略分析框架。

迈克尔·波特的“五力”模型提示我们从5个方面分析一个行业的基本竞争态势：供应商的议价能力、购买者的议价能力、潜在竞争者进入的能力、替代品的替代能力和行业内竞争者现在的竞争能力。波士顿矩阵则从增长率和市场份额两个指标把业务分为4类：明星（高增长、高份额）、现金牛（低增长、高份额）、瘦狗（低增长、低份额）和问题型（高增长、低份额）。

克里斯坦森的“破坏性创新”理论对两类创新做了区分，把破坏性创新从大量的维持型创新中标识出来，让人关注到它。维持型创新满足现有需求，它可能是渐进式的，也可能是突破式的，而破坏性创新则是“引入与现有产品相比尚不够好的产品或服务，破坏并重新定义这一轨迹”。它的影响随着技术对商业生活的渗透而极度加强，某种程度上说，互联网创新是它的最佳案例。

有经验的战略制定者都不会简单地套用这些架构，他们的经验、直觉和智慧可能会激发出杰出的战略。但如果仔细研究，都可以看到这些架构的影响，可以看出遵循了什么、突破了什么。

战略分析中的架构大幅度提升了战略水平。同样，优秀的架构也可以帮我们更好地创意思考。

对创意、创意工作和创意管理，目前为止还鲜有占主流的架构。爱德华·德·波诺的“水平思考”算是有影响力的一个。水平思考指出，创意从起点到终点之间两个方向走的是不同的路线，从终点往起点走是顺理成章的，而从起点往终点走则需要横向的跳跃，也就是所谓的水平跳跃。

如果我们相信创意架构的力量，即便没有主流的架构可以直接采用，我们也能有意识地形成自己个人的创意架构，并在思考和实践中不断地调适它、验证它。在个人的创意体验中，我们从各个来源汲取灵感，都曾受到一些独特创意方法的影响。在创意团队中，也可以形成团队共识、共同话语体系性质的创意架构，用它来协调和促进团队创意。本书的讨论是试图建立一种创意管理的基本思考框架，当然也提供了很多线索供大家汲取，从而构成自己个人特有的创意架构。

创意美学力

创意是美的，有时创意氛围是美的，有时创意作品是美的，有时创意过程是美和优雅的，美开放我们的心灵。但美学始终立足于形而上的层面，即便是蒋勋所说的生活美学，也带着相对高深的感觉。美能对我们有滋养功效，却难对我们的创意工作产生直接的启示。

在拜读日本民艺之父柳宗悦（1889—1961）的工艺文化系列著作之后，我发现之前找错了参照对象，和创意工作相匹配的、可做参照物的是工艺。

工艺之美，可以是创意管理的美之源。

创意和工艺的共同之处，首先是实用。工艺是和美术相对应的，柳宗悦写道：“工艺所指，为实用品的世界。这是完全不同于美术之处。绘画是以观赏为目的的美术作品，而服装、桌子等工艺品则是为使用而制作的。工艺之美就是实用之美，所有的美都产生于服务之心。用即是美，美由用而生发，离开用便不再是工艺之美。”这里并不是说，能用的丑陋也是美，而是说，美能够增加用的效用。柳宗悦举例：“如同烹调，除了食物以外，还有精美的盛具和美味的做法，同样可以增加食欲。”反之，丑陋的物品会削减功效。

创意和工艺的共同之处，其次是“亲近”和“健全”。“器物具有日夜相伴、共同生活的性质，所以自然要求有亲近之美”。“人们往往将画高悬于墙壁之上，而器物却放在身边能够摸得着的地方”。我们每日所用的物品，都有着健全之美、健康之美。柳宗悦对健全的解释是：“所谓‘健全’，是指符合工艺标准的诚实的质、形、神之‘用’。材料的粗劣、工艺的繁杂、装饰的过剩、技巧的作为、意识的跨越等都是病态。”最能体现工艺之美的是所谓“粗货”（日常用品），“粗货每天忙于侍奉生活，不是壁龛的饰物。因其是劳碌的身份，故不能流于华美。质朴的打扮必须要有健壮的身体，如太虚弱便不能工作”。

创意和工艺的共同之处还在于，它们都产生于团体的世界，是协同之作，甚少是像艺术般的个人作品；它们都是众人的手工作品，不是机械化大规模制作的作品。对前者，柳宗悦写道：“古代的作品都是通过合作才产生的，是将不同类型的人之力量合于一处的工作。”个人作品难以和工艺相容，是因为个人作品多为“远离用途的装饰品，即使为用途而作，也因价格过高而不能成为日常用品”。

作为从手工时代向机械时代转折的人，柳宗悦厌恶机械制造给工艺带来的影响，认为手工总是优于机械，期望回归传统。这是他对工艺的执着，而我们不可避免地进入了工业时代。

对比起来，创意工作的现实，目前我们仍处在相当于手工艺的时期，是“头脑的手工艺”，可比拟工业化的创意方式还没有出现。在创意时代，我们需要努力先做好手艺人的角色。

创意故事力

有时，创意就是“讲”一个故事，“讲”加引号，是因为创意工作者并不总是用嘴讲故事，更多的是用行动讲故事。我们该怎么看待故事，这是个很长的故事，可选三个散点切入：商业人士的故事、电影的故事，以及小说家眼中的故事。最终，我们在小说家那儿看到了故事和创意之间的某种奇特的关联。

在专门教导商业人士讲故事的安妮特·西蒙斯所著的《讲故事》一书中，故事被视为赋予意义的工具：“故事可以把细节特点和事件编织成一个整体，这个整体比各个部分的总和要大得多。”她教商业人士讲这样6种类型的故事：我是谁、我为什么在这里、设想、有教益、在实际行动中有价值、我知道你在想什么。在她那里，故事是一种说服工具。这种故事视角考虑到了情感和意义对我们的价值，和创意是共通的。但这一方式过于功利性，反而远离了故事的本性。它更像好莱坞式的“cut to the chase”（直接切到追逐戏），而不是娓娓道来讲故事。

好莱坞编剧大师罗伯特·麦基在经典著作《故事：材质、结构、风格和银幕剧作的原理》中剖析故事的结构，他的目标是教导编剧们讲出好故事。他认为，“‘好故事’就是值得讲而且世人也愿意听的东西。发现这些东西是你的任务，这事非天才不能。你必须有与生俱来的创造力，能以别人梦想不到的方式把材料组织起来。然后，你必须使你的作品具有对人性和社会的新颖洞察所带来的观念，将这种观念和你对人物及其世界的深入了解融为一体”。他对故事结构的分析，无人能超越。可惜的是，罗伯特·麦基不是以讲故事的方式做这样一件事的，这导致只有极少数人能够了解他的观念和技法，虽然他教导出的编剧讲着无数我们熟知的故事。

小说家是讲故事的人，台湾作家杨照在《故事效应》这样“一本说故事的故事书”中，讲了很多故事，很大程度上帮我们厘清了创意与故事纠缠不清的关联。他引用本雅明的话，说故事是“来自远方的亲身经历”，是故事帮我们突破“日复一日重复的经验”，愿意看到“在此之外有别种生活，有非常传奇”。我们的好奇和故事的传奇是创意之源。杨照用故事来引领故事，他以故事发现了故事：“故事比现实、比真实更多样、更丰富。每一个故事最核心讲的，其实还是人与世界的关系。我们需要比反复、规律的生活丰富的传奇故事，来让规律生活变得可以忍受。”

在终极意义上，创意，就是有好奇心，创造传奇的故事，不接受日常，这是创意和故事的关联。

创意行动力

行动不是创意的后续，而是创意的另一种表现形式。我们看过、听过很多绝妙想法，却只看到少得多的创意作品。我们自己的大脑中冒出过无数的想法，回首时大多想不起来了，真正投入行动的或许就一两个。创意要突破的首要障碍是我们自设的思维局限，其次就是“不行动”，两者谁的危害更大还真很难说。

行动或者“去做”了，大约可以把95%的人抛在后面，因为不论脑海中有什么，他们根本不会行动。如果我们早行动、动作更快，则可以具备更多的优势。早行动需要的是对新事物的热情，快速行动则是一旦开始就全速前进。行动、早行动、快行动，是创意行动力的第一面。

做，可能会出错，但不做可能错更大。一个想法，分析判断下来众人都认为不错，做的过程中发现它错了，但这不是行动的错，不做根本不知道这个想法的错。要敢于犯这样的错，通过行动来证明，而不是必须一切完备、结果可预测再做。不做旁观者或事后聪明式的精明，通过行动去证实与证伪，是创意行动力的第二面。

理想的情形或各类创意故事中讲的是绝妙创意改变世界，而实际的情形是想法在思考和行动中不断打磨成形。我们可以被创意故事吸引，也需要讲这样的故事，但更应该面对现实，用行动把想法变成现实，不断地琢磨与改善它。我们都有这样的体验：可以运转的原型，能从别人那里得到很多有价值的建议；我们自己在把玩原型的过程中，也常有精彩的想法涌现。由行动得到的原型比想法更利于产生杰出的创意成果，这是创意行动力的第三面。

面对复杂情形时，我们很少能在第一次就找到最佳答案。行动，得到第一步的成果，或者在正确的方向但错误的路线上走一段，往往开启新的可能性。没有这或正确或荒谬的第一段行动，我们就被永远挡在新可能性之外，因为那是“未知的未知”，不走一步根本看不到它。以行动看到“未知的未知”，是创意行动力的第四面。

创意从不在真空中，创意需要他人的支持，行动让我们更容易获得支持。行动，是我们用实际行动展示态度。行动得到的原型或初步成果更能扫清被游说对象眼前的迷雾，帮他们看到潜在的价值。新想法容易得到空口的赞扬，却难以得到实际的支持；粗糙的原型实物会缺少精彩想法周围弥漫的光彩，却更容易得到真正有眼光者的支持。以行动的成果获得支持，是创意行动力的第五面。

行动是脚踏实地的创意，这是创意行动力的第六面。走出第一步的难度常被高估，我们常做很多不必要的准备；有些障碍与克服它所需的技巧，不行动根本不知道；有些可以求教他人的事，不行动我们根本问不出对的问题。这诸多情形，唯有行动才会呈现，才能解决，因此行动是脚踏实地的创意。

创意脉络力

村上隆是日本少有的世界级当代艺术家，即便不关心当代艺术的人也多半在LV包上见到他的设计。他写了两本书《艺术创业论》和《艺术战斗论》讲述他对自己的艺术创作和对当代艺术的理解，其中对创意最有启示的是“脉络”二字。村上隆认为，“通过作品在世界美术史中建立脉络”是创作的根本。

“脉络”一词引发我们关注的，首先就是它的本义。当代艺术有着自身发展的脉络，安迪·沃霍尔和波普为什么有现在的地位……这一切问题的答案都是脉络决定的，它们也反过来影响脉络。村上隆在批评日本美术教育时毫不留情，认为它走在错误的脉络中，更被错误的观念（如追求“自由地创作”）误导。

村上隆提到很多“规则”。规则是脉络在当下一刻的表现。他总是讲要遵守世界艺术的规则，也就是由美国人主导的当代艺术规则。他写道：“观赏者期待看到的重点是有没有新游戏的提案、有没有对欧美美术史的新解释、有没有故意打破规则，上述不管哪一个，都来自现行的规则，所以被认为‘没有照着游戏规则来’的艺术家就会从此堕落，并被有权威的批评家跟其他人抨击得粉身碎骨。”

艺术作品能被抨击也是因为在脉络中，不在脉络中，则根本不会被注意，根本没有人试图去理解。“如果不把握欧美美术的脉络底层，会变成在美术的发源地挑战‘不同规则的竞争’，别说要对战，连当对战的对手都谈不上。”村上隆对艺术家的定义都是围绕规则来定义的，“不断重复学习、训练、分析、实行、验证，在遵循规则的前提下与他人竞争，从中表现出最高等级的艺术，这就是所谓的艺术家。”

为什么村上隆能够把日本御宅族次文化变成顶级艺术？这是源于他在欧美艺术界生存的策略：重新在规则内构筑日本次文化

的艺术脉络。他解释自己的创作是将日本次文化与精致艺术结合，提出了新游戏的方案："在理解精致艺术跟低阶艺术界限的前提下，刻意将低阶艺术以精致艺术来操作的乐趣。"这是他的首创，因而在当代艺术界得到认同。安迪·沃霍尔的梦露像和金宝汤罐头也是因为在当时当地提出了新解释。

产业的结构，虽然某种程度上只算是艺术脉络的支流，但也不可轻视。村上隆以"创业"论艺术，创业论的第一个小标题是"艺术需要世界水准的行销艺术"。在《艺术战斗论》这一面向年轻艺术后辈的书中，他更是详细讲解艺术产业的结构，分析画廊、博览会、拍卖会等，并提出画廊未来的形态要重视"经纪人"的角色。产业的结构值得关注，是因为它是艺术价值的另一种载体，没有它的运作，艺术没法变成金钱。说句题外话，村上隆非常看重金钱对创作的影响，强烈批评影响日本艺术界的贫穷艺术观念。

脉络对创意的启示是，最杰出的创意是因循脉络而发，是在规则范围内的挑战，并通过产业结构而放大。

创意管理，没有银弹

在中世纪的欧洲有个传说，有一种叫"狼人"的妖怪，人面狼身，它会在月圆之夜袭击人类，普通子弹对狼人无效，只有银弹才能杀死它。软件工程专家弗雷德里克·布鲁克斯在名为《没有银弹》的文章中认为，对软件开发过程中的问题，没有银弹，只有综合运用各种方法。

创意管理更是没有银弹，只有综合运用各种方法。

创意管理之难，主要有三个原因：第一，因为创意本身是复杂系统，涉及太多因素，纯理性化在这里无效；第二，团队或组织中的人增加了其不可预测性；第三，从根本上讲，创意是由品位而非性能驱使的，而品位或良质的培养需要漫长的时间。若只考察创意管理偏理性思考的侧面，则有5个方面值得未来反复思考：创意全局观、产品化、标准化、发现模式及找到本质。

创意全局观。简单地说就是要能看到“创意大画面”。细致地、精确地描绘局部，只要用心并不难，难的是后退一步，看到更大的画面，在大画面上寻求创新。在大画面上，约束会减少、创新的可能会增加、创意的效能会成倍增加。王国维在《人间词话》中说要“入乎其内又出乎其外”，“入乎其内，故有生气；出乎其外，固有高致”。

产品化。这在商业社会中很盛行，这里借用它的两重意思：其一，不论创意过程如何让我们兴奋、自得，最后我们必须给出“产品”或“作品”。乔布斯永远提醒他的团队，“真正的艺术家永远有产品”。其二，把“作品”变成可复制的产品，把“手艺”变成“工艺”，把创意效能最大化。

标准化。这里涉及的是工作的过程。日本管理的重要特征是把流程标准化、固化，然后在此基础上持续改进。整个现代西方管理的基础也是标准化、流程化，从组织结构、大型项目管理上我们可以很清晰地看到这一点。标准化对创意的价值，是让我们可以集中注意力在创意的部分。在个人方面也有很多例子，比如不少作家讲自己的写作经历是非常有纪律的过程，像上班族一样朝九晚五。

发现模式。这是往画面的背后走，去发现事物背后的结构与模式。寻找背后结构与模式的习惯能够让我们创意解决问题的机会倍增。比如生产方面，主流生产模式有手工艺、流水线式、细胞式、服务运营式等。比如在软件程序设计中，人们总结出的设计模式有装饰者模式、命令模式、代理模式等。我们面对的事物背后究竟有哪些模式？这是一个必须反复思考的问题。

找到本质。这同样是往画面的背后走，但它做的是去除所有虚饰，看最本质的东西。比如巴菲特的选股思路是“收费桥梁”式，也就是企业必须拥有垄断性资源，是人们必须经过的桥梁。发现模式是归纳总结完全穷尽、相互独立的一组模式，而找到本质则是简化到最本质的几个因素进行分析。若感觉问题复杂得无法简化，很多时候是因为我们还没有真正弄懂它。

附　录

创意管理 75 本书

在这里，我从众多创意管理相关的书中选择了一部分，按15个细分领域列举成一个清单，试图用它们来组成关于创意管理的新知识体系：创造力、创意、设计、管理、创业、工程、软件、美学等。每本书分别有几句介绍或引用一段话。这个清单作为地图可能不甚详尽，因为我们本来在探索未知的领域，但我希望它能成为你探索的起点和提示。

创造力理论

1. 米哈里·希思赞特米哈伊. 创造力：心流与创新心理学 [M]. 黄钰苹, 译. 杭州：浙江人民出版社，2015.

米哈里·希思赞特米哈伊是“心流”（flow）的提出者，是积极心理学奠基人。本清单的第74本《幸福的真意》（*Flow: The Psychology of Optimal Experience*）就是一本关于心流的经典。“心流意即一个人完全沉浸在某种活动当中，无视其他事物存在的状态”。

> 创造力来自构成系统的三个要素之间的互动。这三个要素分别是：包含符号规则的文化，给某个领域带来创新的人，以及该领域中被认可、能证实创新的专家。

2. 史蒂芬·平克. 心智探奇：人类心智的起源与进化 [M]. 郝耀伟，译. 杭州：浙江人民出版社，2016.

史蒂芬·平克是哈佛大学心理学教授，世界顶尖的语言学家和认知心理学家。这本巨著中，他分析了心智理论的进化，定义了心智的四大能力：视觉感知、推理、情感、社会关系。

> 我们必须认识到，在那些看来稀松平常的人类心智活动的背后，有一个极为精妙的复杂设计。我们之所以到现在还见不到真正像人一样的机器人，并不是因为以机械方式重造人类心智是一个错误的想法，而是因为我们人类日常处理的工程问题，比登陆月球或测序人类基因组要困难得多，在解决这些工程问题的基础上，我们才能够视物、行走、计划以及完成日常事务。

3. 霍华德·加德纳. 创造力7次方：世界最伟大的7位天才的创造力分析 [M]. 洪友，李艳芳，译. 北京：中国发展出版社，2007.

霍华德·加德纳是教育学权威，是哈佛教育研究所认知与教育学教授、哈佛大学心理学教授、波士顿大学医学院神经病学教授。他提出了多元智能理论（The Theory of Multiple Intelligences），经典著作还有《智能的结构》《重构多元智能》《改变思维》等。本书研究了爱因斯坦、弗洛伊德、毕加索、伊戈尔·斯特拉文斯基、艾略特、玛莎·格雷厄姆和甘地。

> 这一研究框架包括三个核心要素：一个充满创造力的人，一个由个体研究的对象或工程，以及与这些创造性个体处于同一世界的其他个体。所有这些创造性活动：第一，都是来自个体与其所工作的客观世界间的相互关系；第二，都是来自个体与其他人之间的紧密关联。

4. 霍华德·加德纳．艺术·心理·创造力 [M]．齐东海，等译．北京：中国人民大学出版社，2008．

> 我在认知解释方面所做的努力表明，莫扎特实现对自己的乐曲做出所有关键性的决策，然后能够按照要求提供所有的主旋律和变奏曲。同样，个别部分细节的完成，还要等到他真正开始写乐谱。

5. 保罗·约翰逊．创作大师：从乔叟、丢勒到毕加索和迪士尼 [M]．蔡承志，译．北京：中信出版社，2014．

保罗·约翰逊是英国著名历史学家，著有极具争议的著作《知识分子》，以及一本研究多个人物的著作《英雄》。

所有的创作大师都具有个人的风格，对于哪些事情有利或妨碍他们创作也抱持不同见解。他们的观点往往混淆不明，或者历经顿挫失败才缓慢形成……要成为高明的创作大师很不容易，而且身处创作的顶峰往往十分痛苦。所有创作者异口同声地说，创作是种痛苦的经验，常令人心生恐惧，那种滋味是不得不忍受的，称不上甘美，但这也是作为一个创作者的宿命。

个人创造力方法

6. 爱德华·德·波诺. 严肃的创造力：运用水平思考法获得创意[M]. 杨新兰，译. 北京：新华出版社，2003.

爱德华·德·波诺因提出“六顶思考帽”而闻名，本书中他系统性地提出了“水平思考法”，用他的话说，描述水平思考最简单的方法是，“一个洞挖得再深，你也不可能在另一个地方挖出洞来”。

在书中他提出的水平思维的方法有：六顶思考帽、创造性的停顿、关注点、质疑、替换方案、概念扇、概念、激励、运动、设置激励、随机输入、敏感法等。

7. 迈克尔·米哈尔科. 思考的玩具：商业创新手册[M]. 于海生，译. 北京：新华出版社，2003.

这本书后来还以《米哈尔科商业创意全攻略》出版中文版，

作者还有一本著作名为《米哈尔科创意思维9法则》，他提供了大量的直接可投入使用的创意方法。

> 你的工作态度决定了你在职场中是否具有天赋，是否能带来全新的变革和创造力，是否拥有成功的潜力。参照小猫和猴子这两种动物处理压力和变化的不同方式，我认为存在两种不同的工作态度：小猫型和猴子型。这本书帮不了像"小猫"一样的人——他们面临挑战和问题时只会大喊"救命"。本书是为"猴子"所写的——他们敢于挑战自我，努力发展自己的创造性思维，尽力寻找全新创意，随时都乐意接受挑战的洗礼。

8. 韦恩·罗特林顿. 打开创意的脑 [M]. 刘盈君，译. 北京：中国市场出版社，2008.

这本书的原名可直译为：有创意的人如何（在各种事物间）建立连接，在书中作者提供给了多种连接的创意工具。

> 这些工具乍看之下可能有点怪异，你甚至还会怀疑它们是否有用，但别因此就不去尝试，强迫自己尽情享受运用这些工具的乐趣吧。如果你还是心存疑虑，那就请假装相信它们有用，先试试看再说。

9. 詹宏志. 创意人：创意思考的自我训练 [M]. 北京：人民交通出版社，2003.

台湾知名出版人詹宏志所著的《创意人》一书是我最早接触

创意思考方法的图书之一，这本最早出版于1986年的书对创意思考有简单明了的解读，过了很多年依然没过时。我对于创意和个人创造、企业创新的区分最早就来自这本书。

> 我的焦点是个人，而我所能提供的也是个人。所以在这本书中，我讨论的角度，大致都是一个人如何训练自己；或改变自己的观点与态度，使自己成为比过去的自己更有创意的人。

10. 埃伦·兰格. 专注力 [M]. 徐佳，译. 北京：中国人民大学出版社，2007.

埃伦·兰格是哈佛大学心理学教授，她也是一位画家，她的相关著作有《专注力》和《学学艺术家的减法创意》等。

> 缺乏专注力可以分为三种类型，除了范畴陷阱（entrapment by categories）之外，其他两类分别是自动行为（automatic behavior）和行为角度单一化（acting from a single perspective）。

创意经济与创意阶层

11. 理查德·佛罗里达. 创意阶层的崛起：关于一个新阶层和城市的未来 [M]. 司徒爱勤，译. 北京：中信出版社，2010.

身为经济学家的理查德·佛罗里达从区域经济学出发，最终他的研究定义了正在发生的未来：创意经济与创意阶层的兴起。这本最早出版于2002年的著作已经成为经典。

> 我们的社会经济转型依然是不充分的，我们这个时代面临的最大困境在于：虽然我们已经具备了如此令人惊叹的创意潜能，但是我们缺少更加广泛的社会和经济制度来充分地驾驭并利用这种潜能。完成这样一种社会转型需要我们每一个人的努力——没人能替代我们。

12. 刘易斯·科赛. 理念人：一项社会学考察 [M]. 郭方，等译. 北京：中央编译出版社，2001.

这本书英文名为*Men of Ideas*，最早出版于1965年，对知识分子的角色进行了全面的研究，我们可以看到历史上写作的商业化过程，可以看到对美国各种知识分子（学院派知识分子、科学知识分子、公务员、大众文化产业中的知识分子）的研究。

> 大多数人在从事专业时，就像在其他地方一样，一般只为具体的问题寻找具体的答案，知识分子则感到有必要超越眼前的具体工作，深入到意义和价值之类更具普遍意义的领域之中。

13. 彼得·德鲁克. 卓有成效的管理者 [M]. 许是祥，译. 北京：机械工业出版社，2009.

彼得·德鲁克. 21 世纪的管理挑战 [M]. 朱雁斌，译. 北京：机械工业出版社，2009.

管理大师彼得·德鲁克早年以定义管理而知名，他致力于提高管理者的效能，《卓有成效的管理者》是他的经典之一。之后，他提出了“知识工作者”，他的理念和这个阶层密切地关联到了一起，在《21世纪的管理挑战》中，他通俗易懂又深入地讨论了“知识工作者的生产率”这个议题。

> 六个主要因素决定了知识工作者的生产率：（1）任务是什么；（2）知识工作者必须自己管理自己的生产率，同时要有自主性；（3）不断地创新，必须是知识工作者的工作、任务和责任的一部分；（4）持续不断地学习，以及持续不断地教导；（5）不只是量的问题，质也一样重要；（6）知识工作者必须被视为资产而不是成本，必须使得知识工作者在有其他机会时，仍愿意为这个组织工作。

14. 马特 · 马图斯. 设计趋势之上 [M] . 焦文超，译. 济南：山东画报出版社，2009.

孩之宝(Hasbro)设计师马特 · 马图斯的这本书是为设计师而写的。设计师一直是创意思维与创意管理的关键人群，需要新的思想和趋势。特别地，马特 · 马图斯说这本书主要是关于“设计力量”的。

> 我们一定不要将设计平庸化，因为它毕竟是一种脑力劳动。设计对于我们人类的发展至关重要，设计所承担的责任极其重大，因为设计也有摧毁我们的力量。在设计上锐意创新是所有设计者都要承担的核心责任，无论你设计了一个热辐射自导引导弹、一个具备高级功能的医院用病床，还是设

计出一个橡胶熊模子，都没有关系。在某一单独领域，设计有改变世人态度的潜力、有改变文化的力量。

15. 赖声川. 赖声川的创意学 [M]. 桂林：广西师范大学出版社，2011.

赖声川是知名华人舞台剧编剧与导演，他所著的《赖声川的创意学》从舞台剧经验出发，构建了名为“创意金字塔”的创意体系。书中提供了很多从事剧场工作或电影、电视剧的人可直接使用的方法。这些方法当然更可扩展到所有的创意工作者，这本书的畅销说明了这一点，畅销也让他的创意体系辐射了出去。

创意产业

16. [美] 理查德 · E . 凯夫斯. 创意产业经济学：艺术的商业之道 [M]. 孙绯，等译. 北京：新华出版社，2004.

理查德 · E.凯夫斯是哈佛大学经济学与商业管理教授，在这本书中，他从艺术和商业之间的“合同”的角度探讨创意产业的特点。他把艺术品分为简单艺术品（比如绘画）和复杂艺术品（比如电影），此外还分析了消费者、成本和时间问题。

凯夫斯指出，创意行为有如下基本经济特点：需求的不确定性；创意产业人员关注自己的产品；创作产品要求多种技能；产品的差异性；纵向区分的技巧；时间因素至关重要；持久产品与长期盈利。

17. 泰勒·考恩. 商业文化礼赞 [M]. 张忠志，译. 北京：商务印书馆，2005.

本书书名就是行为经济学家泰勒·考恩深入探讨的问题的答案，这个问题是："市场经济究竟是促进还是阻碍音乐、文化和视觉艺术的发展？供求关系的经济力量究竟有助于还是有损于对创造性的追求？"除了这本书之外，他还有一本相关的著作《创造性破坏》。

> 资本主义的市场经济是一种充满活力却没有得到足够重视的制度架构，它支持多种艺术观念的同时并存，使新的、令人满意的作品源源不断地涌现出来，帮助消费者和艺术家提升艺术品位，通过捕捉、复制和传播的方式，向辉煌不再的过去表示敬意。

18. 李仁芳. 创意心灵：美学与创意经济的起手式 [M]. 台北：先觉出版社，2008.

李仁芳为中国台湾科技管理学教授，他以台湾发展创意产业的经验提出很多好问题。

> 勤奋、纪律、追根究底合理化的制造业人格，是我们的特长，也是我们的优势。但是创意经济的推动，能够只靠"追根究底合理化"吗？以创意设计为例，今天我们已经能在德国iF和红点（Red Dot）、日本G-mark与美国IDEA等设计大赛中捧回数百座大大小小的奖项，但是我们也别忘了提醒自己原研哉、深泽直人等设计大师所提出的睿智洞见："今天

不论国家或企业都想培养一流设计师，其实更重要的是耕耘土壤，提升一般生活者的品位水平，进行意识的改革。”

19. 萧瑞麟. 让脉络思考创新：唤醒设计思维的三个原点 [M]. 台北：天下文化出版社，2011.

萧瑞麟也是中国台湾科技管理学教授，在这本书中他找到创意产业和设计思维的一个关键点：脉络或场景。

> 我们如果有办法知道使用者所处的工作脉络，知道使用者为何会痛，那么创新的灵感必然源源不断。现代企业引进创新时，鼓吹的是工程的步骤、科学的程序，追求的是高效率、多功能的技术研发。但是，鲜有人从社会科学的角度来看待创新。我认为，创新不只是一个工程问题，更是一个社会问题，我们急需将人文精神融入创新。了解人的认知（想些什么）以及行为（做些什么），有时候比开发复杂的技术来得重要。

20. 村上隆. 艺术战斗论 [M]. 长安静美，译. 长春：吉林出版集团，2011.

知名艺术家村上隆出版了两本书，《艺术战斗论》和《艺术创业论》，讲述自己对创意、艺术、市场、创业的理解。他给出了看画和创作时都可参考的四元素：（1）构图；（2）压力；（3）脉络；（4）个性。

设计思维

21. 汤姆·凯利，乔纳森·利特曼. 创新的艺术 [M]. 李煜萍，谢荣华，译. 北京：中信出版社，2004.

知名设计公司IDEO是设计思维这一观念的策源地，它由汤姆·凯利和戴维·凯利创立，蒂姆·布朗是CEO，戴维·凯利还是斯坦福设计学院的缔造者。以下这四本书都来自IDEO。设计思维（design thinking）经常被认为就是以设计师的方式思考，或者是IDEO在讨论设计思维时常说的以人为中心的设计以及直觉和理性的统合而成的第三种思维方式。

> 外地初次来访的客人可能会产生“IDEO乱作一团”的印象。其实，我们拥有一套运作有效而且不断精细化的方法：（1）理解市场、客户、技术以及有关问题的已知局限；（2）观察现实生活中的人，搞清楚他们心里想的是什么；（3）设想新兴的观念以及运用这些观念的顾客；（4）在一系列迅速的重复工作中评估和提炼模型；（5）为了商业化生产而实施新观念。

22. 汤姆·凯利，乔纳森·利特曼. 创新的10个面孔：打造企业创新力的十种人 [M]. 刘金海，译. 北京：知识产权出版社，2007.

23. 蒂姆·布朗. IDEO，设计改变一切 [M]. 侯婷，译. 北京：北方联合出版传媒（集团）股份有限公司，2011.

> 设计思维不仅以人为中心，还是一种全面的、以人为目

的、以人为根本的思维。设计思维依赖于人的各种能力：直觉能力、辨别模式的能力、构建既具功能性又能体现情感意义的创意的能力，以及运用各种媒介而非文字或符号来表达自己的能力。没有人能完全依靠感觉、直觉和灵感经营企业，但是过分依赖理性和分析同样可能对企业经营带来损害。居于设计过程中心的整合式方式是超越上述两种方式的“第三条道路”。

24. 汤姆·凯利，戴维·凯利. 创新自信力[M]. 赖丽薇，译. 北京：中信出版社，2014.

我们所说的创意自信，立论的基础在于相信人人皆有创意。事实上，人人都有无尽的创意潜能有待开发。创新自信就是相信自己拥有改变周围世界的创新才能，坚信自己所做的工作必有成就。

25. 罗杰·马丁. 商业设计[M]. 李志刚，于晓蓓，等译. 北京：机械工业出版社，2015.

罗杰·马丁是多伦多大学罗特曼管理学院教授、院长，在这本书中他提出了相似又略有不同的设计思维定义。本书的定义是分析思维和直觉思维的统合，“未来成功的企业，是那些能够在动态互动中有效实现两者协同的企业，我将这种价值创造模式称为设计思维”。

沿着知识漏斗的发展轨迹不断发现新谜题，或者重新审视旧谜题，进而围绕知识漏斗进行持续稳定的循环往复，就能实现探索活动和开发活动之间的动态平衡。那些掌握了这种平衡技巧的公司，就是具有设计思维特质的公司。

设计

26. [美] 唐纳德·诺曼. 设计心理学 [M]. 梅琼，译. 北京：中信出版社，2003.

唐纳德·诺曼是美国西北大学计算机技术系教授，他有一系列关于产品设计的著作，除了《设计心理学》，还有《如何管理复杂》、《好用型设计》、《情感化设计》、《未来产品的设计》等。

物品的外观为用户提供了正确操作所需要的关键线索——知识不仅存储于人的大脑中，而且还存储于客观世界。我在撰写本书时，这种观点还被视为奇思妙想，但如今却得到广泛认可。设计行业的大多数人都明白，设计必须反映产品的核心功能、工作原理、可能的操作方法和反馈产品在某一特定时刻的运转状态。设计实际上是一个交流过程，设计人员必须深入了解其交流对象。

27. 唐纳德·诺曼. 设计心理学 2：如何管理复杂 [M]. 张磊，译. 北京：中信出版社，2011.

我面对的挑战是在探索复杂的特性时，在欣赏它们的深度、丰富和美时，还要与很多我们的科技中那些不必要的复杂以及不理智的、变化无常的特性相对抗。糟糕的设计是不可原谅的。好的设计能够帮助我们驯服复杂；不是让事物变得简单（如果复杂是符合需求的），而是去管理复杂。

28. 柴春雷，邱懿武，俞立颖. 商业创新设计 [M]. 武汉：华中科技大学出版社，2014.

柴春雷是浙江大学工业设计系执行副主任。《商业创新设计》以图示的方式讲述了一系列设计工具，包括消费趋势画布、设计民族志、原型法、故事板等。香港的设计教授冯崇裕等也有一本名为《创意工具》的著作可参考。

这是大势所趋，是时候转变过去以廉价劳动力、低成本、工程订单、质量控制为核心竞争力的商业策略了。在以设计创新为主导的概念时代，为了开发具有竞争力的商品及服务，企业最重要的能力已经转为能洞察用户的行为，为技术赋予意义，寻找互利共赢的商业模式，也就是所谓的创造力，将创造力运用在商业策略上就是商业创新设计。

29. 魏来. 设计与你有关 [M]. 北京：中信出版社，2009.

魏来是设计师，也是设计企业家，他创办了“早晨设计”。在这本个人自述和设计公司选择指南的书中，他讲述了中国本土设计公司的运作，也通过传播选择设计公司的知识去培养好客户。

大部分人第一次见到我的第一句话总是说：“啊！魏来，

> 你看起来很像一个艺术家！”可是大家都不知道，这是我最害怕听到的话。因为我的客户们并不喜欢和艺术家合作，他们总是认为那样很不安全。我自己也只想做一个贩卖智慧的商人，我特别喜欢别人在第一眼就相信我是一个精明利落的商人，因此我总是想剪掉留了十几年的长发。

30. 佐藤可士和. 佐藤可士和的超整理术 [M]. 常纯敏，译. 南京：江苏美术出版社，2009.

佐藤可士和是日本广告和设计界的风云人物，在这本书中，他讲述了用整理来进行创意的方法。他自认为作为“艺术指导”，“所从事的工作内容是拟定全盘的沟通战略，运用设计的力量将其化为有形之物。乍看之下，不免以为是艺术性的自我表现，实际上则比较类似替客户进行诊疗、解决问题的医生”。

> 要按照哪些步骤整理，才能确实掌握问题的本质，找出解决之道呢？我多半是按照下列的顺序进行：（1）掌握状况：替对象（客户）进行问诊，取得关于现状的信息；（2）导入观点：以各种角度检视信息，找出问题的本质；（3）设定课题：为了解决问题，设定必须处理的课题。

个人与创意

31. 朱莉娅·卡梅伦. 创意，是一笔灵魂交易 [M]. 庄云路，译. 北京：中国人民大学出版社，2012.

朱莉娅·卡梅伦是小说家、剧作家、作曲家和诗人，也是电影导演詹姆斯·卡梅伦的夫人，她从1978年开始就教艺术家们如何“突破创作瓶颈”。在这本书里她提供了一个12课的计划。这本书相当个人化，建议可阅读英文原版*The Artist's Way*。她还有一本相关的书，名为《以艺术家的方式工作：驾驭飞龙》（*The Artist's Way at Work: Riding the Dragon*）。

> 当你学着寻找滋养、守护你心中的艺术家时，就能走出痛苦，突破创意的束缚了。你将进一步学会辨识和摆脱恐惧的方法，学会抚平情感的伤疤，学会提高自信。

32. 李欣频. 十四堂人生创意课 [M]. 北京：电子工业出版社，2008.

李欣频是知名广告文案创意人，以台湾诚品书店的文案而知名，出版有《诚品副作用》《广告拜物教》等广告文案书。她编辑自己在课堂上的授课记录，成为三集《十四堂人生创意课》以及《谁说这辈子只能这样：李欣频的变局创意学》。

> 我绝对相信你们会有足够的能力，自己面对未来不可知的世界，我所能给的只是些许的能量，哪怕只有一句话，哪怕只影响一个人，如果这一点点的小火花，能启动一个沉睡的灵魂并运转出强大的力量，我就觉得非常值了。

33. 加西亚·马尔克斯. 迷宫中的将军 [M]. 王永年，译. 海口：南海出版公司，2014.

《迷宫中的将军》是马尔克斯写的玻利瓦尔最后历程的小说，

据说书名来自玻利瓦尔最后的一句话：“可恶，我怎么才能走出这座迷宫。”在困惑的时候跟着大师的讲述，可以生发很多思考。

34. 迈克尔·坎内尔. 贝聿铭传：现代主义大师 [M]. 倪卫红，译. 北京：中国文学出版社，1997.

建筑大师贝聿铭的故事也常可以用来做创意的指引，用来生发思考。他是一个华人，有着深厚的中国文化背景，他是一个主要在西方世界从业的建筑师。他的思考和行动有很多跨越东西方的特点。

35. 劳伦斯·冈萨雷斯. 深度生存：生还或者死难？ [M]. 马红军，译. 北京：中国对外翻译出版公司，2006.

劳伦斯·冈萨雷斯是知名的户外探险作者，除了这本*Deep Survival*之外，他还有一本著作中文版也叫《深度生存》，原书标题为*Everyday Survival*。

企业创新

36. 彼得·德鲁克. 创新与企业家精神 [M]. 蔡文燕，译. 北京：机械工业出版社，2007.

彼得·德鲁克的《创新与企业家精神》是企业创新的经典，他提出了“系统化的企业家精神”，并指出有目的的创新和创新机遇的7个来源：意外事件、不协调的事件、程序需要、产业和市场结构、人口统计数据、认知的变化、新知识。

> 不论成功的故事多么诱人，我还是建议企业家最好放弃以聪明创意为基础的创新。毕竟，虽然在拉斯维加斯，每周总有人在老虎机前赢得大满贯，但所有老虎机玩家所能做到的，也只是不要输得太多，以至于超出了自己所能承受的。有目的的、有系统的企业家会对系统化的领域（我所讨论的7个创新来源）加以分析。

37. 克莱顿·克里斯坦森. 创新者的窘境 [M]. 胡建桥，译. 北京：中信出版社，2010.

哈佛商学院教授克里斯坦森以“破坏性创新”或“颠覆式创新”理论闻名于世，他用众多行业的历史经验发现这一理论：为什么某些看似性能较低的技术会高速改进，并最终击败市场上的现有玩家。他后来的著作用更多行业的深入分析验证这一理论，并把它应用到医疗、教育、新闻等众多行业。

> 为什么精明的经理们做出的完美决策可以导致公司的失败？创新者的窘境是：对公司的成功至关重要的管理上合乎逻辑而有力的决策也正是它们失去领先地位的原因。

38. 马修·梅. 丰田创意学 [M]. 刘复苓，译. 台北：经济新潮社，2008.

本书的原文标题直译是“优雅方案：丰田的创新公式”，作者马修·梅（Matthew May）还撰写了一本著作讨论“优雅”：《追寻优雅：众多的好点子都缺少什么》。

39. 埃里克·施密特，乔纳森·罗森伯格，艾伦·伊格尔. 重新定义公司：谷歌是如何运营的 [M]. 靳婷婷，等译. 北京：中信出版社，2015.

埃里克·施密特曾是谷歌公司CEO，现任执行董事长。在这本书中，他讲述了谷歌内部的运作。他把谷歌的工作人员和德鲁克的“知识工作者”区分开，称他们是“创意精英”，认为这个新物种是“互联网时代取得成功的关键所在”。

> 如果我们把传统知识工作者与谷歌十几年来招徕的工程师等人才放在一起对比，就会发现谷歌的人才是一个截然不同的员工群体。这些人并不拘泥于特定的任务，也不受公司信息和计算能力的约束。他们不惧怕风险，即便在冒险中失败，也不会受到惩罚或牵制……他们具有多领域的能力，经常将前沿技术、商业头脑以及奇思妙想集合在一起。

40. 奇普·希思，丹·希思. 让创意更有黏性 [M]. 雷静，译. 北京：中信出版社，2007.

奇普·希思是斯坦福大学商学院组织行为学教授，他和丹·希思认为这本书和格拉德威尔的《引爆点》是互补的：引爆点关注“什么让社会流行时尚变得流行”，他们感兴趣的是“有效的创意是怎么被创造出来的——是什么让一些观点产生黏性而让其他的消失”。

> 概括起来，这是一个成功创意的清单：简约、意外、具体、可信、带有情感、故事。

软件开发思考

41. 保罗·格雷汉姆. 黑客与画家 [M]. 阮一峰，译. 北京：人民邮电出版社，2011.

YC创业营的创办人保罗·格雷汉姆已经变成一种“象征符号”，推荐这本书实际上并非仅仅推荐这本书，因为书是完结不变的，而他还在不断地写作长文，讲述他的思考，值得持续关注。

> 我发现黑客新想法的最佳来源，并非那些名字里有“计算机”三个字的理论领域，而是来自其他创作领域。与其到技术领域寻找创意，你还不如在绘画中寻找创意。

42. 弗雷德里克·布鲁克斯. 设计原本 [M]. 高博，等译. 北京：机械工业出版社，2011.

作者是知名的计算机科学教授，曾领导IBM System 360开发产品并荣获美国国家技术奖。《设计原本》讲的“设计”不是美术设计，而是结构设计，特别是理性设计的产物。书里讲了很多有趣的例子：怎么设计他的海滨小屋、怎么给自己的房子增加厢房、怎么重新设计厨房等。当然，也讲了著名的IBM System 360大型机的体系设计、操作系统设计。

> 这本书介绍的是关于复杂系统的设计，并且是从工程师的视角出发的。工程师关心效用和功能，同时也注重效率和

优雅。这与艺术家和作者所做的许多设计形成了对比，他们更强调设计所带来的愉悦感和所传达的意境。

43. 弗雷德里克 · 布鲁克斯. 人月神话 [M]. 汪颖，译. 北京：清华大学出版社，2002.

《人月神话》是一本经典，是在软件领域流传几十年的畅销著作。作者在书中深入讨论的是软件开发项目的组织逻辑和过程。“人月”这个词是于软件史前时期开发的工作量计量单位，一个项目需要多少个人月。人月神话，按作者的原话是，“用人月作为衡量一项工作的规模是一个危险和带有欺骗性的神话”。他还指出，“软件的复杂性是本质性的，并非表象而已”。

在很多方面，管理一个大型的计算机编程项目和管理其他行业的大型工程很相似——比大多数程序员认为的还要相似；在另外一些方面，它又有差别——比大多数职业经理人认为的差距还要大。

44. 杰拉尔德 · 温伯格. 成为技术领导者：解决问题的有机方法 [M]. 朱于军，等译. 北京：清华大学出版社，2003.

在我看来，杰拉尔德 · 温伯格是现在与未来的彼得 · 德鲁克，德鲁克理解了经理和知识工作者的工作思考过程，而温伯格理解了软件工程师的工作思考过程。从20世纪70年代开始，他写作了大量关于软件开发的著作，经典的有《程序开发心理学》和《系统化思维导论》等。正如书名所示，本书是帮工程师成长的书籍，无处不体现着工程师的思维、这种思维的优点、这种思维和外界的冲突。

> 在与系统打交道的工作中，我认识到改变的过程总是有机的。永远不可能在一个时刻只改变一件事。我现在的每一个行为都反映了过去某个问题的解决方法。

45. 高焕堂．思考软件，创新设计：A段架构师的思考技术 [M]．北京：电子工业出版社，2014.

所谓A段架构设计，就是投资决策前的架构设计。高焕堂先生有40多年的软件开发经历，近年来也是安卓架构方面的专家。他退休时，基于日本师徒制的要求，撰写文档以传承给下一代架构师，并成书把经验分享给更多人。

> A段架构师必须具备商业模式与策略思维，发挥洞察力，从复杂中找出简单，设计出有效的可实现计划（A段架构设计），让高阶主管从简单中掌握复杂，做出正确的决策。

软件开发方法

46. Dave Hoover，Adewale Oshineye. 软件开发者路线图：从学徒到高手 [M]．王江平，译．北京：机械工业出版社，2010.

英文书名是*Apprenticeship Patterns*（学徒的模式），两位开发者在这本书中用模式语言介绍了几十种模式，如只求最差、深入挖掘、质脆玩具等。在程序员自我技能提升方面还有更为经典的著作《程序员修炼之道：从小工到专家》(*The Pragmatic Programmer*)，但我在这本书中得到的启示更多。

> 有一点可以用于鉴别师傅，就是他们的学生最终都会在志气和成就方面超越他们。师傅们明白：绝对顺从权威是危险的，因为对卓越的追求会引起组织寿命方面的问题，就像在Stradivari的工场里那样。完成高质量工作的经验包含在师傅自己难以言传的知识中。这意味着他的卓越品质不能传给下一代。作为学徒，你应该力争比老师更好。而如果他们是好的老师，也应该努力帮你达成这一目标。

47. 亨瑞克·克里伯格. 精益开发实战：用看板管理大型项目 [M]. 李祥青，译. 北京：人民邮电出版社，2012.

作者用一个项目案例清晰地介绍了看板方法在项目中的实际应用：怎么组织每日项目站立例会，怎么组织项目进度板，怎么处理技术故事、漏洞，怎么管理在制品，怎么做版本控制等。作者的《敏捷武士》一书中有对精益开发非常精彩的讲解。

48. 马丁·福勒. 重构：改善既有代码的设计 [M]. 熊节，译. 北京：人民邮电出版社，2010.

按书中的定义，重构是“对软件内部结构的一种调整，目的是在不改变软件可观察行为的前提下，提高其可理解性，降低其修改成本”。重构是为了：改进软件设计，使软件更容易理解；帮助找到漏洞；提高编程速度。这是一本非常技术性的书，有大量的程序代码片段，用模式语言的方式讲述了软件重构的方法。

> 大多数时候，领会的标志是：你可以自信地停止重构。在重构者的正常表演中，停止正是压轴大戏。当你真正理解重构之后，系统的整个设计对你来说，就像源代码文件中的字符那样可以随心所欲地操控。你可以直接感受到整个设计，可以清楚地看到如何将设计变得更灵活，又可以看到如何修改它：这里修改一点，于是这样表现；那里修改一点，于是那样表现。

49. Jez Humble，David Farley. 持续交付：发布可靠软件的系统方法 [M]. 乔梁，译. 北京：人民邮电出版社，2011.

软件的持续交付是处理创意的结果，而测试驱动开发是处理创意的过程。在这本书中，两位作者详解了持续交付的整个过程，其中提到的工具在各种情况下会截然不同，也会过时，但思想不会过时。我们看到，在互联网时代，越来越多的软件是持续交付的。

> 通过采用自动构建、测试和部署技术，可以获得很多益处，我们将能够验证变化，重现各种环境中的部署过程，在很大程度上减少产品出错的机会。由于发布过程本身已不再是一个障碍，我们可以部署软件变更，从而更快地获得商业利益。实施自动化系统会促使我们将好的实践付诸行动。自

动化的开发、测试以及发布过程对发布软件的速度、质量和成本有着深远的影响。

50. Tom DeMarco，Peter Hruschka，Tim Lister，等. 项目百态：深入理解软件项目行为模式 [M]. 金明，译. 北京：人民邮电出版社，2011.

六位作者以模式语言方式写作的《项目百态》共列举了软件项目的86种模式，Tom DeMarco和Tim Lister还是软件开发经典《人件》的作者。

> 当一个团队开发通用语言，外界对于这些付出可能一无所知。但是在项目内部，参与其中的人愿意认真地、反复地——几乎着迷地——专注于定义术语。成功的团队不会想当然地认为组织已经存在通用语言。为了构建项目的通用语言——保护团队不会沦为巴别塔，团队愿意提炼、提炼再提炼。

创业

51. 埃里克·莱斯. 精益创业 [M]. 吴彤，译. 北京：中信出版社，2012.

埃里克·莱斯把精益（lean）思想引入创业，他特别强调创业即是某种形式的管理，用“开发—测量—认知”（build-measure-learn）这样的反馈循环来揭示创业公司构建出产品和建立业务的过程。

> 新创企业是一个由人组成的机构，在极端不确定的情况下开发新产品或服务。

52. Steven Blank. 四步创业法 [M]. 七印部落，译. 武汉：华中科技大学出版社，2012.

在本书中，作者建议创业者用“客户发展方法”来取代“传统产品开发方法”。产品开发方法的四个阶段是：创意/愿景，产品开发，内部/公开测试，正式发布产品。客户发展方法则由新的四个阶段组成：客户探索，客户检验，客户培养，组建公司。

> 客户探索的目标是根据既定的产品设计，寻找目标客户，判断产品能否解决客户的问题；客户检验的目标是找出可重复使用的销售模型；客户培养的目标是激发更多的潜在客户；组建公司的目标则是从学习、探索型团队向全速运行的企业过渡。

53. 本·霍洛维茨. 创业维艰：如何完成比难更难的事 [M]. 杨晓红，钟莉婷，译. 北京：中信出版社，2015.

前创业者、现知名风险投资人本·霍洛维茨在本书中讲述了自己在创业过程中经历的艰难，是少有的探讨“艰难”的商业书籍：“害怕并不代表没有勇气，真正的行动才是重要的。”已经转型成为成功风险投资人的本·霍洛维茨没有讲漂亮话，他讲当自己面对困境时，自己是如何选择和思考的。

> 对于一家企业来说，真正的难题并不是设置一个宏伟的、难以实现的、大胆的目标，而是在你没有实现宏伟目标之时

不得不忍痛裁员的过程。真正的难题不是聘请出色的人才，而是这些出色的人才逐渐滋生一种优越感并开始提出过分的要求。真正的难题不是绘制一张组织结构图表，而是让大家在你刚设计好的组织结构内相互交流。真正的难题不是拥有伟大的梦想，而是你在半夜一身冷汗地惊醒时发现，梦想变成了一场噩梦。

54. 彼得·戴曼迪斯，史蒂芬·科特勒. 创业无畏：指数级成长路线图 [M]. 贾拥民，译. 杭州：浙江人民出版社，2015.

我多次阅读来自奇点大学的几本著作，的确总能激发技术乐观情绪，包括《指数型组织》《富足》《创业无畏：指数级成长路线图》等。我们也看到马斯克以一个人的力量在四个领域突破着：电动汽车、私人航天、太阳能和超级高铁，他几乎是技术乐观主义的现实商业代言人。奇点大学的几位研究者和以往的技术乐观派不同的是，他们不是未来学家的方式，他们是技术实干派，他们将理论和实战混合在一起。这有时会增加他们的魅力，有时又显得缺乏未来感，因为过于实用易于被挑刺，实用就需要快速迭代修正，但这是他们真实的状态。这可能也是我们在实务中的人应该有的状态，保持一种实用的技术乐观，并努力将它实现。

为便于大家更加方便地掌握指数型技术的特点，我构建了一个“6D”框架：数字化（digitalization）、欺骗性（deception）、颠覆性（disruption）、非货币化（demonetization）、非物质化（dematerialization）和大众化（democratization）。这6D其实是指数型技术发展的连锁反应，也是导致巨大动荡并带来难得机遇的快速发展路线图。

55. 李志刚. 九败一胜：美团创始人王兴创业十年 [M]. 北京：北京联合出版社，2014.

原来的美团已经合并大众点评变成新美大（据说英文名为 China Internet Plus），但它还在奋战。书名是借鉴自优衣库的《一胜九败》，其实王兴还没最终取胜。王兴的思维应该是中国互联网创业者里面最强大的思维，这本书中有很多行动的记录和王兴的讲述，可以对照着看。

> 我们是一家电商公司，交易额是由B端和C端完成的，怎样把用户从七八千万变成2亿、4亿、5亿，这需要我们扩展B，也扩展C，有足够的B、足够的C，就有足够的交易额。我们会尝试新的机会，包括餐饮、酒店、电影、休闲游等，在公司外面也会有新的尝试。总体上来说，应对这场战争，我们是要增强团队，通过各方面的改进提升人均效率，我们还有太多地方需要改进和提升。

系统思考与问题解决

56. 彼得·圣吉. 第五项修炼：学习型组织的艺术与实务 [M]. 郭进隆，译. 上海：上海三联书店，1998.

这本书已经成为经典，“学习型组织”一词深入人心，但在我看来，他的要点却是“系统思考”，他要“打破这个世界是由个别的、不相关的力量所创造的幻觉”。他提出的五项修炼是：第一项修炼：自我超越；第二项修炼：改善心智模式；第三项修炼：建立共同愿景；第四项修炼：团队学习；第五项修炼：系统思考。

> 系统思考最大的好处在于帮助我们在复杂的情况下，于各种可行的方法中，寻找有效的高杠杆解。事实上，系统思考的艺术在于看穿复杂背后引发变化的结构。因此系统思考绝非忽视复杂性，而是要把许多杂乱的片段结合成为前后一贯的故事，明确指出问题的症结，以及找出较持续有效的对策。

57. 高德拉特·科克斯. 目标：简单而有效的管理常识 [M]. 齐若兰，译. 上海：上海三联书店，1999.

这本小说介绍了“TOC约束理论”（Theory of Constraints）描述的“鼓—缓冲—绳子”（drum-buffer-rope）等方法。他的基本思路是，要提高整体的运行效率，就要对约束条件进行持续改善。

> 他指着NCX-10机器说：“你们系统的主要制约因素就在于这台机器。当你们给非瓶颈的工作量超越了这台机器的工作量时，你们不但没有提高生产力，反而制造出过多的存货，因此也就和目标背道而驰。”

58. 斋藤嘉则. 发现问题的思考术 [M]. 郭菀琪，译. 台北：经济新潮社，2009.

斋藤嘉则在本书中介绍了一系列发现问题的方法，前半部分为大方向构思整体问题的构思篇，后半部分为深入挖掘已经发现的问题的分析篇。他强调："发现问题的过程会直接关系到设计解决方案的过程。从确实掌握问题的作业当中，将会浮现该解决的课题以及方向性。"斋藤嘉则还有一本相关著作《问题解决专家：策略性问题解决的思考与技术》。

> 商业上解决方案的品质，在发现问题的阶段就已经决定了相当大的部分。其原因在于问题的设定是否切中要点，是决定最终解决方案方向性和品质的关键。但是，常常会发现很多案例都没有察觉这一点，而焦急地想提升解决方案的准确度。

59. 川濑武志. 解决问题的哲学 [M]. 刘承元，译. 广州：广东经济出版社，2007.

本书只是书名被翻译为哲学，实际上它讲述的是工业工程师解决问题的一些方法，并且作者的目的是为了让企业内的所有人都掌握这种方法："企业内IE专家的首要任务是提高全体员工解决问题的能力，并积极地推动员工自主改善。"他定义了解决问题，然后给出了解决问题的方法论、价值侧面、技术侧面、人的侧面和组织性侧面。

> 解决问题的第一步是确定如何从问题的表象中区分和提炼内在的本质。我称那些各自持有特定观点的人为问题的所有者。

60. 丹尼尔·李布斯金. 破土：生活与建筑的冒险 [M]. 吴家恒，译. 北京：清华大学出版社，2008.

丹尼尔·李布斯金是纽约世界贸易中心重建项目总体规划建筑师，在这本自传性的书中，他讲述了“9·11”事件后世界贸易中心重建的经历。我们都知道，大型建筑项目的规划是少见的系统思考的典型案例，更何况是这样一个项目。

> 提供最大的空间，让民众可以下到岩床，看到地下连续壁，对于总体规划的完整非常重要。他们以为这个设计（由迈克尔·阿拉德和彼得·沃克设计的纪念碑）推翻了我的原意，其实错了。设计者以他们的方式来诠释了我的想法——所谓总体规划就是这么回事！以两栋大楼的残迹作为入口，可下到10米深的地底，还能碰到地底的岩床。

结构、模式与工程学

61. 温迪·普兰. 科学与艺术中的结构 [M]. 曹博，译. 北京：华夏出版社，2003.

在这本由达尔文学院的讲座编辑而成的书中，多位讲者分别讨论了科学和艺术各个领域的结构：生命的结构、风景的结构、矿物与宝石的微观结构、工程结构、冲突的结构、想象力的结构等。温迪·普兰在开篇说：“我们对创造物和存在的基本观念是由它的结构决定的。”

> 我们所看到的世界无限多样性是一个复杂组合的产物。这其中的原因在于物质中数量巨大的原子以及这些原子相互作用并以多种结构排列组合在一起的千万种方式。我们把这些排列组合叫作结构。结构在很大程度上决定了复杂物质的活动方式。

62. 迪特里希·德尔纳. 失败的逻辑：事情因何出错，世间有无妙策 [M]. 王志刚，译. 上海：上海教育科技出版社，1999.

“为什么铁路信号系统工作正常时，列车仍然会发生撞车事故？为什么所有操作人员都警觉地坚守着工作岗位，核反应堆依然会发生灾难性的事故？为什么我们制订得甚好的那么专业的个人计划，会如此频繁地出岔子？”认知行为领域的专家德尔纳指出，失败并不像突如其来的晴天霹雳，而是按照自己的逻辑逐渐发展的。

> 浩瀚的时间和空间把我们的错误藏起来不让我们发现，因此我求助于模拟。在计算机里时间过得很快，而且不存在距离。模拟可以使我们的决策和规划的后果可见，这样可以建立较大的对现实的敏感性。

63. 默舍·尤德考斯基. 雪崩效应 [M]. 闫佳，译. 北京：中国人民大学出版社，2008.

物理学博士、技术专家默舍·尤德考斯基撰写的这本商业著作，讲解了“解集作用”（disaggregation）[或“拆分”（taking things apart）]。雪崩会释放出巨大的能量，在商业和技术领域类似："商业和技术本身有一定的体系和结构，如果你拆散它们的结构，便能释放出犹如雪崩般巨大的能量。"

> 解集作用：通常，一种特定的技术或一个技术行业，表面上看来是浑然一体的；但如果仔细观察，我们会发现，它其实是由若干不同的部分组成的——只要我们小心操作，就能将它拆分开来。

64. 金出武雄. 像外行一样思考，像专家一样实践 [M]. 马金成，译. 北京：电子工业出版社，2006.

金出武雄是卡内基 · 梅隆大学计算机科学和机器人研究所教授，他这本关于研究方法和思考方法的通俗著作对我影响特别大。书名本身就有着巨大的启发性："思考的时候要像外行人一样无所顾忌，而实践的时候要像专家一样缜密"。

> 每个研究者都体验过研究遇阻碍时强烈的不安与迷惑，就算那些已经有所成就的人，也时常有这种感觉。研究的过程中经常有两种感觉："能不能行呢"的不安感和"啊，成了"的成就感。体验这两种感觉将成为智慧和体力强有力的基石。一句忠告：要想成功，必定迷茫！

65. 畑村洋太郎. 失败学 [M]. 高倩，译. 上海：上海科学技术出版社，2002.

失败在问题解决中占据非常重要的位置，而最关注失败，也从失败中学到最多的是工程领域。日本机械专业教授畑村洋太郎的这本书是对“失败”的体系化考察。另一本关于失败的重要著作《设计，人类的本性》(*To Engineer Is Human*) 是土木工程专家亨利·波卓斯基研究了很多的建筑、桥梁等工程失败案例之后创作的。

> 客观的失败信息是无用的。客观的信息，乍看起来很像回事，但对于站在经验者同样立场的人来说，很遗憾产生不了新的东西。作为身边的问题能得到实际感受的，一定是像日记这样的，连心理状态都生动描绘了的记述。人们把自己放到当事人的立场，有了实际感受才能明白“登山时一定要带雨具”“在分岔口一定要看地图确认”“在树林中乱走是危险的”，才能从他人的失败中吸取教训。

产品与服务开发

66. 詹姆斯·摩根，杰弗瑞·莱克. 丰田产品开发体系：整合企业人员、流程与技术的 13 项管理原则 [M]. 精益企业中国，译. 北京：中国财政经济出版社，2008.

詹姆斯·摩根、杰弗瑞·莱克是两位研究精益生产的专家，杰弗瑞·莱克还是《丰田汽车案例》的作者。在这本书中，他们试图把丰田的产品开发体系进行总结和推介，他们认为，在汽车领域，精益生产已是行业共同的运作实践，而精益产品开发体系是下一场战役。他们讲述的产品开发体系包括三个子系统：(1) 流程；（2）高技能员工；（3）工具和技术。

> 在真实世界中，丰田的产品开发是一个整合的、不断演进的系统，本书中讲述的精益产品开发体系模型的三个子系统相互影响、相互重叠、相互依存，共同创造出一个连贯的系统。

67. 乔纳森·卡根，克雷格·沃格尔. 创造突破性产品：从产品策略到项目定案的创新 [M]. 辛向阳，译. 北京：机械工业出版社，2009.

在本书中，卡内基·梅隆大学的两位教授，机械工程学院教授卡根和设计学院教授沃格尔完整地分析了产品开发全过程，讲述了一体化新产品开发方法。他们对产品的定义很独特："突破性产品必须可以重新定义现有的或者开拓新的市场，使用户获得可享受的消费体验并感受到某种生活形态的梦想，同时为企业创造更多的利润。成功的产品一旦推向市场就会变成一种必需品。"

> 产品开发的模糊前期是整个产品开发过程的初期阶段，它开始于项目总的目标和思想。充分和成功的模糊前期构造对开发突破性产品而言是必不可少的。那些把产品开发当成一次攀岩运动的公司都会了解其中每一个步骤的关键性，知道攀岩的准备工作和攀登本身一样重要。

68. 周宏桥. 就这么做产品：IT产品实战工具与全景案例 [M]. 北京：机械工业出版社，2010.

这本书中的一些案例随着时间已经发生变化，或逐渐地失去价值，但其中讲述的思路架构仍有很大的参考价值。他用中国的词汇总结了产品开发的各个环节：道、天、地、法、将。

> 关于如何做产品，我把它抽象成了三个层级：第一个层级是用做产品的思维来做产品，竞争的层次是产品竞争。第二个层级，我定义成用做产业的思维做产品，竞争的层次是产业价值链、企业战略和商业模式。第三个层级，我定义为做产品的最高境界，即用务实的理想主义来做产品。

69. 格伦·厄本，约翰·豪泽. 新产品的设计与营销 [M]. 韩冀东，译. 北京：华夏出版社，2002.

本书是一本经典教材，讲述了产品开发和营销的全过程：产品战略、机会识别、设计过程、估计销售潜力、广告与产品测试、市场测试、投放新产品、生命周期管理等。

> 我们将产品关键利益概括为一个名词——（所提供的）核心利益。核心利益意味着产品要提供给顾客独一无二的利益，以及要达到和超过竞争产品所需的那些利益。它必须简单明了，能够依据传递给用户的利益直观地突出产品战略的基本特色。核心利益是营销战略各要素的基石和工程设计的目标。

70. 本杰明·施奈德，戴维·鲍恩. 服务企业制胜法则 [M]. 沈峰，译. 北京：商务印书馆，2007.

本书作者试图构建“服务游戏规则”，他们将服务组织分成三个层级：顾客层、交界层和协调层，按照模式语言的方式，提供了53种“赢得服务游戏的规则”。

> 企业中经常存在不同的逻辑或理念，比如营销逻辑或者生产运营逻辑。由于这些逻辑都是聚焦于企业内部各部门不同的需求，因而这难免会使服务提供过程中出现问题。而服务逻辑的关注点则放在企业外部，它主要聚焦于顾客的期望、需求以及价值取向问题。采用服务逻辑能使企业把各个职能部门整合起来，从而为顾客提供价值。

思想

71. 卡利斯·鲍德温，金·克拉克. 设计规则：模块化的力量 [M]. 张传良，译. 北京：中信出版社，2006.

作者均为哈佛商学院教授，在这本书中，他们对模块化现象进行了系统研究，提出“模块化的本质在于它给设计者提供了推迟并修改关键决策的选择权”。他们自20世纪80年代开始策划这本书，在2000年推出第一卷，至今仍未推出早已计划的第二卷。

> 我们认为模块化和演进这两个原则共同解释了计算机设计和当今计算机产业的现状。这两个原则描绘了我们的社会在大规模复杂的制品空间和企业设计中用来组织价值寻求活动的架构和动态过程。模块化的组织结构划分了设计者的努力，并有效协调了其行动。演进过程则指导他们的各种探索，并对设计者的努力给予适当的回报。

72. 约翰·坎贝尔. 千面英雄 [M]. 黄珏苹，译. 杭州：浙江人民出版社，2016.

《千面英雄》是神话学大师约翰·坎贝尔的经典著作，它是《星球大战》电影的重要灵感来源。坎贝尔影响了众多艺术家如卢卡斯、斯皮尔伯格、J.K.罗琳、科波拉、乔布斯。在好莱坞，这本书中的"英雄之旅"被改造成剧作家的"作家之旅"，成为好莱坞故事的模板。《作家之旅：源自神话的写作要义》是剧作者必备的参考。

> 英雄的首要工作是从次要的"果"的世界舞台退出，来到困难真正所在的"因"的心灵地带。在那里澄清困难，根除自己的困难（例如，当地文化），突破束缚，获得未被扭曲的直接体验并实现荣格所说的原型意象的同化。

73. 奥托·夏莫. U型理论：感知正在生成的未来 [M]. 邱昭良，等译. 杭州：浙江人民出版社，2013.

奥托·夏莫区分了两种学习：向过去的经验学习和向正在生成的未来学习。在《U型理论》和《U型变革》中用U型理论来回答如下问题："向正在生成的未来学习和行动需要哪些条件？"他指出学习和变革有四个层次：反应、重设、重构、自然流现。他用字母"U"来呈现各个阶段：下载、观察、感知、自然流现、结晶、塑造原型、运行。奥托·夏莫是MIT斯隆管理学院资深讲师，也是彼得·圣吉的合作伙伴。

自然流现是感知和在场的交融，指的是和最高未来可能性的源头相联结，并把其带到当下。进入自然流现的状态后，认知开始基于未来的可能性自然涌现，只待我们将其变成现实。

74. 米哈里·契克森米哈赖. 幸福的真意 [M]. 张定绮，译. 北京：中信出版社，2009.

本书每次提到最优经验，都以作曲、攀岩、舞蹈、驾帆船、下棋等活动为例。这些活动传导心流的效果特别好，因为它们的设计就是以实现心流为目标。它们的规则原本就要求学习新技巧，有一定的目标，提供回馈，使控制成为可能。它们尽量与日常生活中所谓的“不可逾越的现实”划清界限，使参与者更容易集中注意力。

75. C. 亚历山大. 建筑的永恒之道 [M]. 赵冰，译. 北京：知识产权出版社，2002.

C.亚历山大最知名的著作是《建筑模式语言》，因为软件设计模式源自它的启发，《建筑模式语言》这本书出现在众多计算机著作的参考书目之中。软件设计模式的写作方法也是借鉴于亚历山大的模式语言方法，模式语言式的写作方法在软件开发领域特别盛行，是典型的知识传承方式。对比而言，亚历山大的《建筑的永恒之道》则注重思辨性，而非技术性。

现在我们将开始深入地看看，一座城市丰富和复杂的秩序是如何能够从千千万万创造性的活动中成长起来的。城市一旦有了共同的模式语言，我们都将会有能力通过极普通的活动，使街道和建筑生机勃勃。语言就像一粒种子，是一个发生系统，它给予我们千百万微小的活动以形成整体的力量。

星际矿工的故事

李智

每当我仰望星空的时候，都会被深邃的宇宙吸引，我喜欢在这样安静的环境中揣测并幻想：宇宙中还有其他生物吗？它们长什么样？会不会也在经历一场奇幻的冒险？有太多问题和猜测，于是我把它们画了出来，产生了这个系列。

这个系列形象叫作INBOT，即星际矿工。它们是一群小而强大的生物，看起来都是独眼机器人，有一点萌。实际上，它们很厉害，有电锯手，还有海盗钩等一些自己发明的怪武器。我试图营造出这些反差，制造“乖又虐”的感觉，希望你在觉得它们可爱的同时，也能从中获得乐趣。

本书封面及各章所用机器人形象，为资深设计师李智的INBOT星际矿工系列形象。

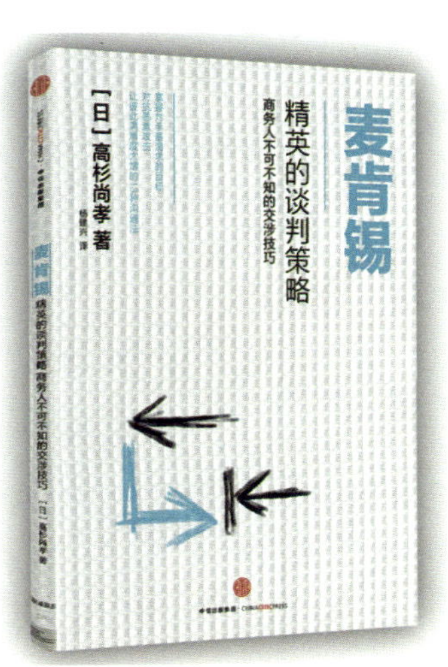

《麦肯锡精英的谈判策略：商务人不可不知的交涉技巧》

[日]高杉尚孝　著

掌握对手最渴求的目标
对抗恶意攻击
让彼此满意度大增的13种沟通法

无论升职加薪、商品买卖、面试、向客户提案……我们正处于把协商作为探索新关系过程的时代。你是否在日常交涉中，糊里糊涂就接受对方提出的条件，不知不觉让自己的利益平白受损？

本书以容易强化记忆的方式，为你呈现让谈判双方达到最大满意度所必须的技巧与方法，以及如何不被情绪所左右、以效率和诚信为基础的谈判策略。

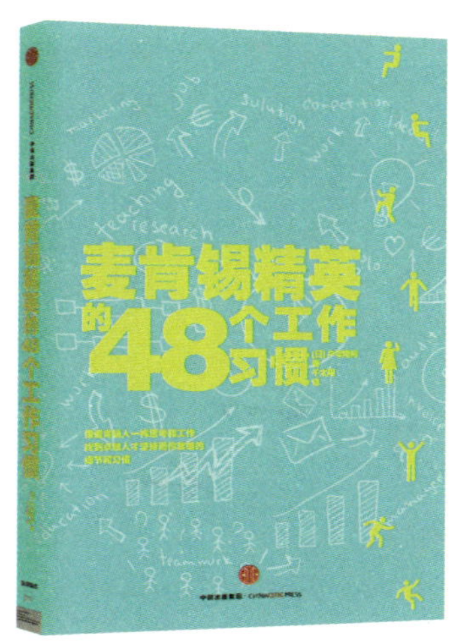

《麦肯锡精英的48个工作习惯》

[日]户塚隆将 著

想去世界500强工作?
想读全球最好的MBA?
想成为高薪的国际化的人才?
想知道高盛和麦肯锡精英的过人之处?
让曾就读哈佛商学院，就职于高盛集团、麦肯锡的作者
告诉你职场最需要的是什么? 精英是怎样炼成的?

本书作者回顾了自己在高盛、麦肯锡、哈佛商学院的工作和求学经历。他发现身边的国际化精英都具有共通的特质，坚持着常人最容易忽略的细节和习惯，比如：开会必定发言、利用周末投资自己、用高出阅读三倍的时间思考、用独特的方式规划职业生涯、每天坚持用一连串的优秀习惯磨炼和反思自己……

如果你也想和这些国际化精英一样，实现自我提升，书中介绍的48个工作习惯，值得你终身实践。